Seibert · Erlebnistouren mit Kindern

Das Geheimnisvolle, Aufregende,
Spannende der Berge spiegelt sich in den
Gesichtern wider.

Dieter Seibert

Erlebnistouren mit Kindern

100 Vorschläge zum Bergwandern, Klettern und Spielen

Verlag J. Berg

Titelfoto: Aufstieg an der Kampenwand. Das Anseilen in schrofigem Gelände dient mehr zur Nervenberuhigung der Kleinen, doch diese Art der Kinder-Seilschaft (mehrfaches Einbinden in das Seil) ist nicht unbedingt empfehlenswert.

Umschlaggestaltung: Wolfgang Lauter

Neuausgabe 1990

ISBN 3-7634-1027-9

© 1986 Verlag J. Berg, München

Inhalt

Ein Plädoyer

Das Gebirge ist die schönste und mannigfaltigste „Spielwiese", die sich Kinder nur wünschen können. Und geht es uns Erwachsenen nicht ähnlich? So groß sind die Unterschiede ja nicht zwischen dem Sammeln von Wanderstempeln, dem Erstürmen eines Gipfels, dem Begehen eines Klettersteiges und der Begeisterung beim Bau eines Staudammes am Bergbach oder dem Kraxeln und Versteck-Spielen in einem Blockfeld – und das jeweils gepaart mit dem Erlebnis einer großen und beeindruckenden Natur. Was kann es Schöneres geben!

Und dennoch! Die Ankündigung, „Franzl, am Samstag darfst du mit auf den Simetsberg am Walchensee", ruft oft keine Freude hervor, nicht vorher, nicht unterwegs. Sie kommt allenfalls nach der Rückkehr auf, wenn der Herr Sohn wieder in der gewohnten Umgebung ist, vor dem Fernseher hockt oder Mickymaus liest. Vom großen Erstaunen bis hin zum Ärger – „undankbarer Lausfratz" – reichen die Reaktionen der ratlosen Eltern. Nicht das Gebirge ist schuld an diesem Mißerfolg, und meist liegt es auch nicht an den Franzln. Nein, man selbst hat die Sache ungeschickt oder gar falsch angepackt. Mancher hält seinen eigenen Nachwuchs für nicht viel mehr als einen Hund, und dann gilt der Satz, „die Kinder sind heute so brav gelaufen" als höchstes Lob. Dabei ist (oder sollte es wenigstens sein) jedes Kind eine kleine eigene Persönlichkeit mit sehr ausgeprägten Vorstellungen; und diese unterscheiden sich nun einmal ziemlich grundlegend von der Welt der Erwachsenen.

Der grundlegende Unterschied läßt sich in einem Satz zusammenfassen: Erwachsene wollen **gehen** und ein Ziel erreichen, Kinder wollen – an interessanter Stelle – **bleiben** und sich beschäftigen. Jeder sollte sich einmal die Mühe machen und sich in das Wesen seiner Sprößlinge versetzen, einmal ganz objektiv die Bergwelt mit ihren Augen betrachten und zu erleben versuchen. Dann sieht er es plötzlich ganz klar vor sich, welch tiefe Langeweile zum Beispiel den Franzl am Simetsberg erfüllt, wenn er stundenlang auf waldumsäumten Forststraßen dahintrotten muß. Da gibt es schon gar nichts, das ihn begeistern kann! Ein ganzer Abschnitt dieses Buches befaßt sich mit den vielen Spiel- und Beschäftigungsmöglichkeiten der Kinder. Hat man die richtige Gegend und den idealen Platz gefunden, dann leuchten die Augen vor Eifer, und der Nachwuchs ist oft für Stunden ausgefüllt. Unlust, Müdigkeit und ein quängelndes Drängen zeigen die kindliche Unzufriedenheit, das Betteln, „bleibt doch noch ein bißchen, ich spiele gerade so schön", ist das höchste Lob für das elterliche Einfühlungsvermögen.

Die Einstellung von Franzls Eltern ist die unglücklichste von allen, sie würden ihrem Sohn einen größeren Gefallen tun, wenn er zu Hause bleiben dürfte. Doch auch ein völliges Umdrehen des Spießes und den Ausflug ins Gebirge nur noch an den kindlichen Wünschen auszurichten, hinterläßt ein unbefriedigendes Gefühl. Deshalb lautet der Leitsatz dieses Buches: Es sollen **alle** so zufrieden wie möglich nach Hause zurückkehren. Den idealen Mittelweg zu finden, nicht einen Kompromiß, sondern die Verbindung der verschiedenen Wunschvorstellungen, erfordert ein gutes Maß an Wissen, an Überlegungen und an Bemühen. Und dabei wollen wir Ihnen hier ein wenig helfen.

Unsere Touren und Urlaubsvorschläge sind gezielt auf die Familie ausgerichtet. Das Grundprinzip soll am Thema „Falzarego-Gebiet" erklärt werden. Wenn der Vater Klettersteige liebt, die Mutter Hütten und Aussichtsberge, die Kinder Blockfelder zum Kraxeln, dann findet man in diesem Teil der Dolomiten das ideale Tummelfeld. Heute kann man in der Felszauberwelt der Cinque Torri herumstrolchen, morgen steht vielleicht die Tofana di Rozes mit dem Lipella-Steig auf dem Programm, während übermorgen der Nuvolau das Ziel sein könnte. Ja, bei den Cinque Torri lassen sich alle drei Wünsche sogar bei einem einzigen Ausflug befriedigen, liegen hier doch die Blocklandschaft, ein Aussichtsberg und zumindest ein Miniklettersteig (am Averau) so nahe beieinander, daß man sich nur kurzfristig zu trennen bräuchte, um zu . . .

Man sieht, für den richtigen Familienausflug braucht man zweierlei: Wissen und Beweglichkeit. Vielleicht kann dieses Buch dazu beitragen, die Zahl der enttäuschten Franzln zu verringern (und die der „frustrierten" Erwachsenen) und einen Ausflug in „Gottes schönste Spielstube" zu einem rundum begeisternden Erlebnis zu gestalten – für alle!

nicht graue, sondern ganz lebensnahe

Ein wenig Theorie

Die Voraussetzungen

Wer kann mitgehen?

Hier eine ganz klare Antwort: Jeder, vom Dreijährigen bis zu den Urgroßeltern, und auch der Gehbehinderte. Es ist ja das Einmalige der Bergwelt mit ihrer Vielfalt, daß es für alle das Geeignete gibt. Es erfordert nur einiges Geschick, jeweils das genau Passende auszusuchen. Bei entsprechender Wahl des Spazierganges, der Wanderung, der Berg- oder Klettertour wird jeder glücklich nach Hause zurückkehren.

Es gibt also nur eine ganz wichtige, ja, grundlegende Frage: Welche Tour eignet sich für wen? Das Ziel muß immer den Kräften, dem Können, den herrschenden Verhältnissen usw. so gut wie irgend möglich angepaßt sein. Und gerade bei den Kindern wäre eines noch ganz entscheidend: Der Ausflug soll sehr, sehr viel Spaß machen!

Kleidung und Ausrüstung

Nach dem Krieg gab es eine Zeit, in der die Kleidung des Bergsteigers bis ins letzte vorgeschrieben war. Inzwischen achtet der einzelne viel stärker auf die herrschenden Bedingungen und macht es sich so bequem wie möglich. Das darf natürlich nie auf Kosten der Sicherheit gehen. Bei allen etwas höheren und längeren Touren muß man damit rechnen, daß zum Beispiel auch an einem sonnigen Tag in der Höhe ein

eisiger Wind pfeift. Wir wollen hier keine Kleidervorschriften erlassen, sondern nur festhalten, welche Bedingungen erfüllt werden sollten. Das Gesagte bezieht sich in erster Linie auf die Kinder. Einige Stichpunkte dazu:

* Die Eignung für Wärme **und** Kälte ist besonders wichtig. Schwitzen wirkt sich genauso negativ aus wie Frieren. Das Ideale sind viele Schichten zum An- bzw. Ausziehen.

* Auch bei Nässe soll die Kleidung noch wärmen. Die üblichen Jeans zum Beispiel erfüllen diese Bedingung nicht, sie können sehr klamm und steif werden. Auch viele synthetische Ge-

webe fühlen sich sowohl bei Nässe als auch beim Schwitzen auf der Haut unangenehm an.

∗ Gerade die Kinderkleidung muß für das Gebirge bequem und strapazierfähig sein. Der halbe Spaß geht verloren, wenn man unterwegs auf sein „G'wand" achten muß, sich nicht schmutzig machen darf, nicht unbelastet überall, vom Kuhstall bis zu scharfkantigen Felsen, herumtollen kann.

∗ Ein Kleidungsstück zu viel im Rucksack ist allemal besser als eines zu wenig; Kindersachen wiegen doch nahezu nichts. Ein Beispiel dazu: Bei der Vor-

Die Kleidung der Kinder sollte so weit wie irgend möglich der jeweiligen Situation angepaßt sein. Auch in einem Stausee in 1100 m Höhe läßt es sich so richtig unbekümmert nur im Badeanzug plantschen – bei entsprechender Wärme!

liebe gerade kleinerer Kinder für die Bäche sind nasse Füße fast unvermeidbar. Wie gut, wenn man für den Rückweg noch ein trockenes Strumpfpaar aus dem Rucksack zaubern kann.

∗ Für die üblichen Ausflüge wie ins Höllental am Fuß der Zugspitze und für kleinere Bergtouren kommt man bei den Kindern auch ohne teure Spezialeinkäufe aus. Einen wetterfesten Anorak und einen Wollpullover besitzen die meisten sowieso. Auch die im Gebirge so wichtigen wollenen Strümpfe kann man im Winter durchaus auch zuhause brauchen, etwa für den Schulweg.

∗ Bei fraglichem Wetter darf man nicht die Regenkleidung vergessen. Und Wollhandschuhe und eine Mütze gehören bei allen Touren in der Hochregion in den Rucksack.

∗ Bei den Schuhen treffen die anfänglichen Überlegungen, sich den herrschenden Bedingungen anzugleichen, in besonderem Maße zu. Warum keine Gummistiefel, wenn man hauptsächlich am Bach spielen will? Warum keine Turnschuhe, um rasch einmal von Oberammergau aus den Kofel zu erstürmen? Richtig feste Bergstiefel, die ja nicht gerade billig sind, braucht man nur für alpines Gelände, für Fels, Geröll, Schnee, steiles Gras und dann, wenn die Wege recht naß und schmierig sind. Doch zwei Bedingungen müssen alle Schuhe erfüllen: Für ein blasenfreies Gehen ist ein einwandfreier Sitz unbedingt notwendig, und die Sohlen brauchen ein rutschfestes Profil.

∗ Bei Kindern und vor allem bei den Jugendlichen stehen die Modefragen oft ganz im Vordergrund, und die „rotweißkarierte Uniform" mancher Alpinisten gehört ganz bestimmt nicht dazu. Ein bißchen gegenseitige Toleranz macht das Leben einfacher und schöner, und schließlich werden ein paar Pop- und Modefarben der alpinen Natur bestimmt nicht schaden.

* Auch bei wenig Gepäck ist ein Rucksack das einzig Richtige, er zeigt sich allen Umhängetaschen, Tragtüten usw. himmelweit überlegen. Manche Kinder sind zudem stolz auf ihren eigenen Minirucksack.

* Eine kleine Apotheke, die zumindest Pflaster, Binden und ein Gel für Hautabschürfungen enthält, sollte unterwegs nie fehlen.

Essen und Trinken

Über das Essen im Gebirge gibt es immer wieder die hitzigsten Diskussionen, das sind gewissermaßen Flügelkämpfe zwischen den Körner- und Müsli-Fans und den Speck-Essern. Da es in unserem Buch um das Familienbergsteigen und nicht um olympische Medaillen geht, seien die Fragen um die hohe Ernährungskunst der Fachliteratur überlassen. Deshalb erscheinen hier nur ein paar grundsätzliche Details:

* Jeder sollte für sich herausfinden, was ihm unterwegs besonders zusagt. Das kann bei den jeweiligen Bedingungen wie Wärme, Kälte, Erschöpfung usw. sehr unterschiedlich ausfallen.

* Saftiges schmeckt fast immer besser als Trockenes; das gilt verstärkt bei Wärme und Anstrengung. Obst gehört dabei zum Feinsten.

* Das Essen unterwegs ist Kindern oft viel weniger wichtig als manchem Er-

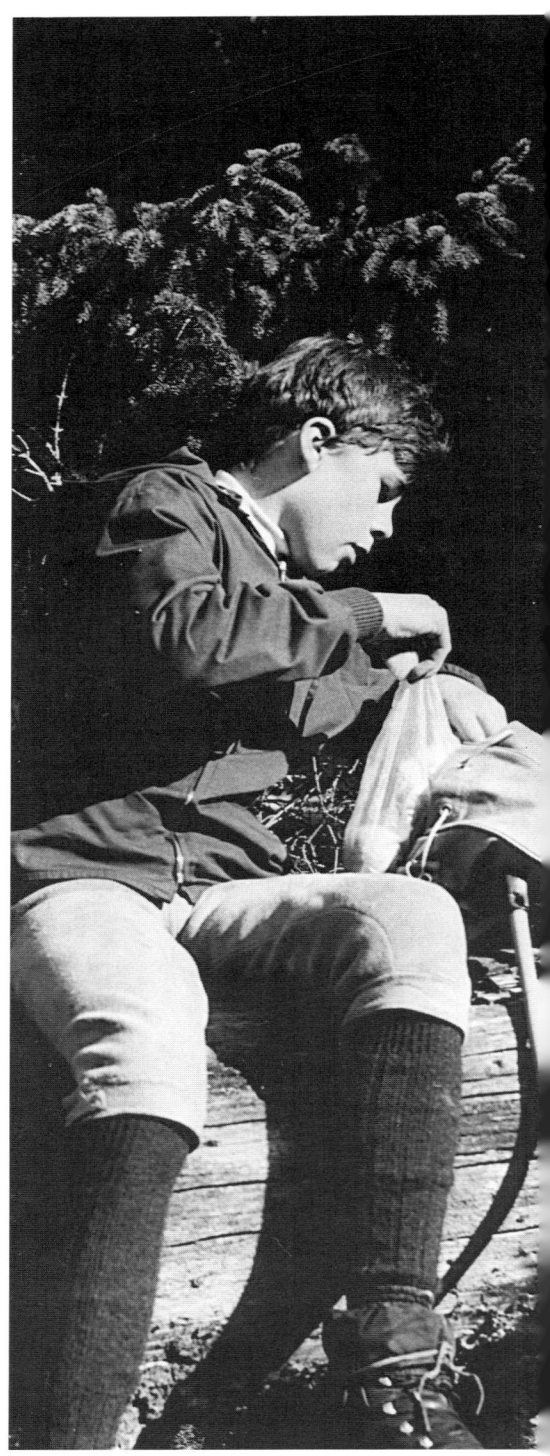

Was gibt es denn Gutes? Eine nette Über-raschung macht viel Freude. Doch wichtiger als das Essen sind für die Kinder die Geträn-ke in wirklich ausreichender Menge.

wachsenen. Und wenn sie einmal kei-nen Appetit haben, dann wird ihnen das Fasten bestimmt nicht schaden.

∗ Die Eltern brauchen keine Angst vor „sinnlosem Verwöhnen" zu haben, wenn sie die Lieblings-Leckerbissen der Sprößlinge mitnehmen. Bergfahrten gehören ja schließlich zu den besonde-ren Situationen. Es sollten nur keine all-zu klebrigen Durstmacher sein, die einem das „Maul zupappen".

∗ Im Gegensatz zum Essen braucht der Nachwuchs – und auch die Gro-ßen – unterwegs viel Flüssiges. Hier darf man auf keinen Fall sparen. Dabei erfüllt eine große Trinkflasche voll Apfel-saft etwa oder mit einem entsprechen-den Tee die Aufgabe ungleich besser als zum Beispiel Cola-Dosen. Diese muß man nach dem Öffnen ja austrin-ken, zudem schmeckt ihr Inhalt in lau-warmem Zustand doch recht schal.

∗ Kluge haben immer einen Plastik-becher im Rucksack, um in Ruhe aus Brunnen und sauberen Bächen – es darf oberhalb keine Häuser und keine Viehweiden mehr geben – Wasser zu schöpfen oder auch Tropfen aufzufan-gen. Eine Geschmacksverbesserung in Form einer Brause etwa macht das fri-sche Quell- und Bachwasser auch zum beliebten Kindergetränk.

∗ Abfall wie Dosen oder Papier nimmt man stets wieder mit. Damit der Ruck-sack sauber bleibt, steckt man den Ab-fall in eine Plastiktüte.

Weder Hunde noch kleine Erwachsene

Beobachtungen unterwegs, die man nur allzu häufig machen muß, zwingen zu folgender Feststellung: Das Verhal-ten der Eltern zeigt oft einen echten Mangel an Verständnis für die Welt und die Empfindungen ihrer Kinder. Doch gerade das wäre die nötige Vorausset-zung, die Tour zu einem Vergnügen für alle zu machen. Schriftsteller lassen ih-re Helden wie Maigret oder Pater Brown gleichsam in die Haut der Verdächtigen schlüpfen, um so die tiefsten Geheim-nisse zu lüften. Aber warum wird diese kluge Methode nur bei Kriminalfällen angewendet? Manches wäre im Leben einfacher, würde sich ein Partner in den anderen versetzen oder eben die Eltern in ihre Kinder.

Nach einer Bergtour lautet das höchste Lob mancher Eltern: „Der Flori ist heute so brav gelaufen". Sehr angenehm und praktisch, wenn man folgsame und füg-same Kinder hat! Doch ob der Ausflug auch für sie – und nicht nur für die Er-wachsenen – wirklich schön war? Ein Hund liebt das Laufen und Rennen, stundenlang ist er mit uns unterwegs und macht in seiner Begeisterung auch am Schluß noch jeden Weg dreifach. Doch bei Kindern gehört ein langes, gleichförmiges Gehen, von manchen Bergwanderern recht passend als Mar-schieren bezeichnet, auf keinen Fall zu den natürlichen Bewegungsformen. Ihnen entspricht es eher, kurze Strecken zu rennen und zu sausen, wild herumzutoben.

In einem Führer wird der Weg vom Wal-chensee auf den Simetsberg als kindergeeignet eingestuft, eine Route von etwa dreieinhalb Stunden, die die halbe Zeit im Hochwald auf einer Forststraße verläuft. Hätte sich der Autor einmal in die Erlebniswelt eines Kindes versetzt, dann wäre ihm vielleicht der vollkommene Unsinn seiner Empfehlung klar geworden. In Wirklichkeit gehören derartige Anstiege für den Nachwuchs eher zu den Strafen als zu den Vergnügen, und der Verfasser des Textes zeigt hier einen schlimmen Mangel an Wissen. Man darf nicht an dem falschen Klischee festhalten, Kinder seien nichts anderes als kleinere, schwächere und ängstliche Erwachsene. Die Wünsche der Kleinen und der Großen klaffen – auch im Gebirge – sehr, sehr weit auseinander. Nur wer die Wunschvorstellungen aller kennt und es auch noch versteht, sie unter einen Hut zu bringen, wird mit lauter zufriedenen Gesichtern von seinem Bergausflug zurückkehren.

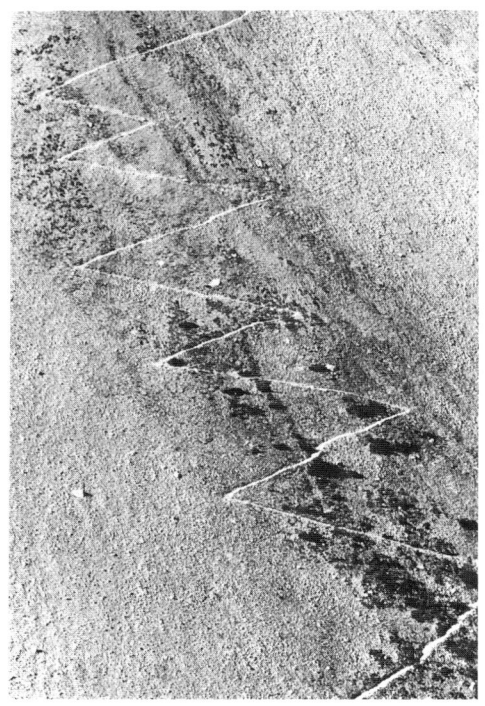

Gegensätze: Ein einförmiger Serpentinenweg im Geröll und ein Blockgrat für abwechslungsreiches Kraxeln.

Nicht wandern, sondern spielen

Solange gehen, bis sich eine angenehme Müdigkeit einstellt, ein Ziel, vor allem einen Gipfel ansteuern, die Aussicht bewundern, seinen Ehrgeiz befriedigen. . ., das sind einige der Anreize, die die Großen zum Bergwandern treiben. Die Kinder jedoch lockt keines dieser Motive sonderlich. Ihr Hauptwunsch läßt sich mit dem Begriff „Spielen" ziemlich erschöpfend kennzeichnen. Das kann sehr verschieden aussehen, und gerade die Berge bieten eine Fülle herrlichster Möglichkeiten, mehr wohl als alle anderen Einrichtungen und Landschaftstypen. Wir haben deshalb dem Spielen im Gebirge ein eigenes Kapitel gewidmet.

Begeisterte, vor Unternehmungslust strahlende Augen und das Betteln, „bleibt noch ein bißchen, wir spielen gerade so schön" sind der beste Beweis für das notwendige Einfühlvermögen. Diese Kinder freuen sich bestimmt auf die nächste Tour im Gebirge. Unlust, Quängeln, Müdigkeit, Jammern über Wehwehchen usw. zeugt hingegen von Unzufriedenheit. Und heißt es beim nächsten Pläneschmieden, „waas, ihr wollt schon wieder ins Gebirge", dann ist das kein Zeichen von Undankbarkeit, man hat vielmehr die Sache falsch angepackt.

Auch die Frau . . .

Die vorangegangenen Zeilen könnten leicht den Eindruck erwecken, es müsse sich alles um die Kinder drehen. Das wäre ganz unsinnig! Es ist genau so wichtig, sich in die Frau hineinzufühlen, ihre Wünsche in die Planung mit einzugehen, ihr Freude zu machen. Oder in den Mann. Gerade der Nachwuchs neigt ja zu Intoleranz: „Du immer mit deinen blöden Gipfeln". Ganz wichtig ist, daß *jeder* so weit wie irgend möglich auf seine Kosten kommt; wie man das anpacken könnte, steht auf Seite 20. Und nimmt man die Großmutter mit, dann wäre es ebenso unschön, sie ausschließlich als Kindermädchen auszunützen, wie umgekehrt ein Diktat von ihrer Seite, bei dem sich alles nach ihren Vorstellungen richten müßte. Die Wahl der passenden Begleitung erfordert sowieso viel Fingerspitzengefühl. Häßlich, sich unterwegs, wenn man ja aufeinander angewiesen ist, in die Haare zu geraten. Doch diese Gefahr wird immer geringer, je zufriedener jeder einzelne ist.

Ein bißchen Spannung

Nun zu einer weiteren, immer wieder publizierten und doch unsinnigen Meinung: Es stimmt keineswegs, daß sich die einfachste und ungefährlichste Route am besten für Kinder eignet. Abwechslungsreiche, spannende Wege machen ungleich mehr Spaß, ja, für viele geben erst die heiklen Stellen der ganzen Tour die richtige Würze. Geht es uns Erwachsenen denn nicht ebenso? Doch Vorsicht! Mit Spannung und Kitzel soll auf keinen Fall zu Unvernunft und Gefahr aufgefordert werden.

Der Bergsteiger stellt sich selbst Aufgaben, die – hoffentlich – seinem Können entsprechen und die er dann mehr oder weniger elegant und souverän meistert. Auch zum kindlichen Spielen gehört dieses Stellen und Lösen von Aufgaben – doch in den entsprechenden Größenverhältnissen. Der Vierjährige erklettert voller Stolz einen Stein von einem Meter Höhe, der Achtjährige versucht sich an einem großen Felsblock und für den Zwölfjährigen mag der Ostgipfel der Kampenwand das Richtige sein. Jeder liebt Abenteuer in einer Dimension die er zwar mit einiger Anstrengung und Aufregung doch ohne Zittern und Gefahr meistern kann.

Selbständigkeit

Das Gebirge eignet sich überhaupt nicht dazu, Neues auszuprobieren und Versäumtes nachzuholen. Der Ängstliche wird dort nicht plötzlich ungeheuren Mut entwickeln (ganz im Gegenteil!), und der Bedächtige verwandelt sich nicht in einen Draufgänger. Auch ein Kind ist eben durch das tägliche Leben schon geprägt und verhält sich unterwegs stets so, wie es sei-

Fördert man die Eigenständigkeit, dann zeigen sich schon die Kleinsten erstaunlich geschickt und sicher.

nem Wesen entspricht. Es wäre kurzsichtig von den Eltern, hier plötzlich etwas anderes zu erwarten oder gar zu fordern.

Zuhause: Der Grundstock für die Geschicklichkeit in den Bergen muß schon zuhause gelegt werden. Sicher hilft unterwegs ein Aufpassen auf seine Rangen, um die Unfallwahrscheinlichkeit zu verringern. Doch einen wirklichen Schutz bilden *nur* Selbständigkeit, eigene Einsicht und eine wachsende Portion von Wissen und Können. Sie zweifeln daran? Dann denken Sie nur an folgendes: Die Kinder werden älter, und dann kann man sie ja nicht mehr am Händchen durch die Berge führen. Wo sollen sie jetzt plötzlich die Eigenverantwortung hernehmen, wenn man diese nicht von Anfang an gefördert hat?!

Die beste Hilfe für seine zukünftigen Alpin-Kinder: Vom ersten Laufen an läßt man ihnen bei allen Bewegungen so viel Freiheit wie irgend möglich. Führt man den Dreijährigen beim Spazierengehen stets an der Hand, dann wird es für ihn zur Selbstverständlichkeit, daß der Erwachsene auf die Hindernisse achtet, und er tappt gewissermaßen blind durch die Gegend. Läßt man ihn hingegen selbständig laufen, muß er zwangsläufig auf sich aufpassen. Zum kindlichen Lernen gehören nun einmal ein paar Hautabschürfungen und Tränen. Oft sind es gerade jene Kinder, die in jungen Jahren allzusehr gegängelt und behütet wurden, denen später ernste Unfälle zustoßen.

Im Gebirge. Hier gilt natürlich das gleiche. Die Furcht vor den überall lauernden Gefahren ist meist weit überzogen. Im Bereich der Wege trifft man viel, viel seltener, als ständig behauptet wird, auf Stellen, an denen man wirklich abstürzen kann. Auf der Route zum Bärgacht-Wasserfall, unserem Vorschlag von Seite 54, gibt es zum Beispiel nicht eine echte Gefahr. Also auch hier die Kinder einfach rennen lassen! Und kommt man an eine Felsstelle, an den Oberrand einer Klamm, an einen reißenden Bergfluß usw., dann – und nur dann – paßt man entsprechend sorgfältig auf. Dabei erklärt man am besten ganz sachlich, warum die Vorsicht plötzlich notwendig ist.

Was sollen auch solche Warnungen wie „Achtung, ein Stein"? Ein aufmerksames Kind sieht den Stein, die Wurzel, die Stufe . . . genau so gut wie ein Erwachsener, ja, oft zeigt es sogar eine größere Aufmerksamkeit. Es ist erstaunlich wie rasch oft schon die Kleinsten etwas entdecken, wie ein Reh oder eine Gemse, sofern sie Interesse daran haben und gewöhnt sind, selbst die Augen offen zu halten.

Kinder genieren sich schnell; vor allem kränkt es sie, wenn sie – zumindest in ihren Augen – für zu klein und unvernünftig gehalten werden. Ganz nebenbei: jeden Erwachsenen würde das auch sehr treffen! So sollte man es zum Beispiel unterlassen, Kinder in ungefährlichem Gelände an der Reepschnur zu führen; sie müssen sich ja wie Hunde an der Leine vorkommen. Da gibt es oft Eltern, die die Vorsicht wirklich übertreiben, und damit wenig Verständnis für kindliche Empfindungen zeigen.

Die Altersstufen

Bis zu einem Alter von zwölf, dreizehn, vierzehn Jahren bleibt das Spielen für die Kinder das Wichtigste, ja, selbst die Beschäftigungen vom Klettern bis zum Bauen im Bach sind sich stets ähnlich. Sie packen nur mit zunehmendem Alter alles flinker, sicherer, selbständiger an, und die Wege, die sie ohne Murren zurücklegen, werden länger. Auf richtigen Bergsteiger-Ehrgeiz trifft man selten, Gipfel sind oft nur als neuer Höhenrekord interessant oder, um den so „angeberischen" Vetter zu übertrumpfen. Die Meinung, die Wünsche der Erwachsenen gelten ihnen noch relativ viel, sie lassen sich überzeugen und beeinflussen.

Doch dann beginnt der Weg in die Selbständigkeit, eigene Wünsche prägen sich aus, die Meinung der Gleichaltrigen wird zur wichtigsten Richtschnur. Jetzt trottet man nicht mehr brav und kritiklos an der Seite seiner „Alten". Das betrifft auch die Einstellung zu den Bergen. Manche haben überhaupt keinen Spaß mehr daran, bei anderen erwacht ein starker Ehrgeiz, die Touren der Eltern werden als lasch und flaschig eingestuft, die Ziele höher gesteckt, oder man beginnt mit dem richtigen Klettern.

Linkes Bild: Die Sicherheit hängt ganz vom Können des Einzelnen ab. Die Haltung des Kindes demonstriert seine Souveränität im steilen, harten Schnee.

Aufnahmen rechts: Eines Tages werden aus den Kindern eigenständige Bergsteiger mit manchmal ganz anderen Wünschen und Vorstellungen, wie sie sie bisher von den Eltern übernommen hatten.

Der Versuch, diese Entwicklung zu bremsen oder gar zu stoppen, wäre völlig unsinnig. Man hatte ja lange genug Zeit, dem Nachwuchs ein solides alpines Wissen und Können beizubringen. Jetzt wird sich jener, der die größte Selbständigkeit gelernt hat, auch am geschicktesten anstellen.

Die ideale Grundeinstellung

Jeder soll zufrieden sein

Dieses scheinbar völlig utopische Ziel läßt sich durchaus erreichen, ja, es ist das eigentliche Kernstück all unserer Ausführungen. An Hand eines Beispieles kann man das Angestrebte am besten erklären:

Die Familie Meier. Der Vater ist gipfelhungrig, die Mutter schätzt Blumen und freundliche Landschaften, der sieben- und neunjährige Nachwuchs Florian und Klaus gehören zur Gattung „Reißteufel", spannendes Herumklettern ist für sie das Höchste, das Marschieren hingegen lieben sie gar nicht. Nun kommt es darauf an, bei einem Sonntagsausflug diese drei Vorbedingungen unter einen Hut zu bringen. Das Ostrofan zum Beispiel eignet sich ausgezeichnet dafür. Die Felswildnis am Marchgatterl mit den Riesenblöcken bietet den herrlichsten Abenteuerspielplatz, den man zudem von der Liftstation in gemütlicher, dreiviertelstündiger Wanderung erreicht. Oberhalb gibt es drei interessante Gipfel, die nicht weiter als eine Stunde entfernt sind, und schließlich bietet die nahe Marchspitze nicht nur ein Blumenparadies sondern auch einen Superausblick.

Hier kommt also wirklich *jeder* auf seine Kosten. Der Vater kann sich ja für zwei Stunden selbständig machen und die Gipfel erstürmen, und bei ein wenig gutem Willen wird auch die Mutter ihren Blumenberg erreichen.

Das Prinzip zu diesem Modell: Man wählt einen Platz (eventuell auch mehrere hintereinander liegende Stellen), der leicht erreichbar ist, ein reichhaltiges Kinderbetätigungsfeld bietet, und in dessen Nähe es lohnende Gipfeltouren gibt. Man kann auch mit „Kind und Kegel" einen ersten, nicht zu entfernten Berg erklimmen, von dem aus sich der Grat noch zu einem größeren, interessanteren Ziel verfolgen läßt. Wer noch Spaß und die nötige Kraft spürt, kann dann weitergehen. Im praktischen Teil dieses Buches bringen wir ja viele Beispiele für die verschiedensten Möglichkeiten.

Wer erst einmal zu denken und zu kombinieren beginnt, der entdeckt immer neue Möglichkeiten. Ein paar Denkanstöße dazu:

∗ Fährt die Familie Meier zusammen mit der Familie Huber ins Ostrofan, dann braucht keiner etwas alleine zu unternehmen.

∗ Nimmt die Tochter ihre Freundin, der Sohn seinen Spielgefährten mit, bringt das oft mehr Eifer und Schwung, und die Eltern werden dadurch entlastet. Bei Übernachtungen unterwegs macht das besonders viel aus.

Felslabyrinth am Marchgatterl im Rofan, im Hintergrund der Hochiß. Dieses Blockfeld eignet sich ideal zum Klettern, Erforschen, Verstecken . . . Ein Paradies für unternehmungslustige Kinder!

* Im Urlaub erhalten die Eltern mehr Freiraum, können auch einmal etwas für sich unternehmen, wenn sie von den Großeltern, einer Tante . . . begleitet werden. Oft ist in diesem Fall jedoch eine gewisse Eigenständigkeit der „Parteien" vorteilhaft, um keine Reibereien aufkommen zu lassen.

* Gibt es im Ferienquartier andere Gäste mit ähnlichen Vorstellungen oder Kinder in entsprechendem Alter, dann eröffnet sich wieder manche neue Möglichkeit.

* Gehören die Familien Meier und Huber zu den Bergsteigern mit Leib und Seele, dann lockt auch folgende Variante: Drei Erwachsene packen miteinander eine zünftige Tour an, der vierte unternimmt etwas mit den „gesammelten" Kindern.

Fazit: Die Phantasie spielen lassen, planen, organisieren. . . – und daran denken, daß immer ein Tüchtiger die Initiative ergreifen muß.

Spielen und Spiele

Das Gestein am Hennekopf in der Silvretta zerfällt in Schieferplatten der unterschiedlichsten Stärken und zeigt Farbtöne von hellgrau bis rostrot. Für die siebenjährige Sonja werden aus diesen ganz flachen Steinen Geschirrstücke, und sie spielt hingebungsvoll – für sich alleine – Gasthaus und Kellnerin. Sie ist sehr beleidigt, als sie nach zwei Stunden weitergehen soll, und sie will dann zumindest einen Viertelzentner Schieferplatten im Rucksack mitschleppen.

Unbegrenzte Möglichkeiten. Durch seine Mannigfaltigkeit übertrifft das Ge-

birge als „Spielwiese" alles andere. Auch Kinder sind ja in ihrem Temperament und in ihren Vorlieben sehr unterschiedlich. Ein und dieselbe Stelle reizt den einen zum wilden Herumtoben, den anderen eben zu stillem Spielen wie Geschirr und Gasthaus. Phantasievolle Kinder finden überall ganz von alleine reiche Beschäftigung, andere sind dankbar, wenn die Eltern mit ein paar Ideen nachhelfen. Der Anfang ist dabei am schwersten, man muß an dem unbekannten Platz erst einmal heimisch werden, die verschiedenen Möglichkeiten entdecken. Dazu zwei Hinweise:

* Nicht hektisch schon nach wenigen Minuten von einem Platz zum nächsten weiterziehen.

* Immer wieder einmal altbekannte Stellen aufsuchen, die den Kindern gut gefallen haben. Sie spielen dort viel selbständiger, lösen sich vom „Rockzipfel" und geben damit auch den Großen mehr Muße.

Freiheit. Die Freiheit, das Loslösen von den Zwängen der Zivilisation und der Gesellschaft gehören zum Besonderen

und Schönen des Bergsteigens. Kinder spüren das doppelt stark. Herrlich, wenn man nicht ständig aufpassen muß, stets eingeengt ist, gemahnt wird. Deshalb eignet sich ja auch die Hochregion so viel besser als das Tal, wo man nicht einmal die Wiesen betreten darf und oft auf steinige oder gar asphaltierte Wege angewiesen ist.

Nach diesen beiden allgemeinen Themen nun zu den Beschäftigungsmöglichkeiten.

Wasser. Von all den vielen Möglichkeiten bietet Wasser den größten Reiz, und dabei eignet sich fließendes besser als stehendes, Bäche sind günstiger als Flüsse, steinige Ufer erlauben mehr Spiele als erdige. Was kann man anfangen? Staudämme bauen, Bachteile umleiten, sich eigene Planschbecken schaffen, Blöcke ins Wasser poltern lassen, Steine werfen, im Bachbett emporsteigen und natürlich planschen,

baden, schwimmen, soweit dies die Wassertemperatur erlaubt. Einen besonderen Zauber haben noch Tümpel in mittlerer Berghöhe. Hier spielt sich ein reges Leben ab, es gibt Wasserläufer, Frösche, Molche, Schlangen, Fische . . . Bei einem flüchtigen Hinschauen wird man nicht viel entdecken. Wer jedoch still beobachtet, sieht immer Neues und erkennt die erstaunlichsten Zusammenhänge.

Herumklettern. Das Wort „Klettern im Gebirge" klingt so groß und gefährlich. „Herumklettern" wird dem kindlichen Tun eher gerecht, und es vermag vielleicht auch den Eltern die – unbegründete – Angst davor zu nehmen. Es gehört zu den Urinstinkten (fast) aller Kinder und begeistert sie besonders. Im Gebirge laden nicht nur Blöcke und Felsen dazu ein sondern auch Bäume, steile Hangstufen, Schneewächten usw. Gesund entwickelte Kinder haben beim

Klettern ist das Allerschönste – und zwar nicht nur im Fels. Ein Phänomen: ein kletternder Boxerhund.

Kraxeln ein sicheres Gefühl für gefährliche Situationen, sie kehren zum Beispiel ganz von alleine um, wenn die Tiefe unter ihnen zu stark wächst. Die Angst ist hier als wirkungsvolle Sicherung eingebaut.

Wege und Gipfel. Je urwüchsiger, unregelmäßiger, steiler ein Steig ist, desto mehr wird das Gehen zur spielerischen Beschäftigung und macht entsprechenden Spaß. Langgestreckte, gleichförmige und problemlose Wege hingegen führen rasch zu Langweile. So empfinden die Kinder etwa eine Forststraße im Hochwald als „absoluten Stumpfsinn". Das gleiche gilt für das Gelände. Kleinräumig und vielgestaltig wäre das Ideale. Im Chiemgau zum Beispiel ist die Kampenwand mit ihren vielen verschiedenen Möglichkeiten auf engstem Raum allemal passender als ein Hochgern mit seinem so langezogenen Aufstieg ohne Höhepunkte.

Gipfel als Ziel können durchaus auch für den Nachwuchs einen Anreiz bieten; der – selbstverständlich eigenhändige – Eintrag ins Gipfelbuch erfüllt auch sie mit Stolz. Größere und sehr geschickte Kinder haben oft eine besondere Vorliebe für Klettersteige. Warum nicht? Aber auch hier sollte man Kleinräumiges wie die Marchreisenspitze in den Kalkkögeln vorziehen und große und vor allen Dingen sehr ausgesetzte Wände, etwa den Pisciadu-Steig im Sellamassiv, meiden. Entsprechendes Können ist selbstverständlich Voraussetzung!

Blockwerk, Felssturz. Trümmerlandschaften bieten ein reiches Betätigungsfeld. Je größer die Brocken sind, sie können auch den Umfang eines Hauses haben, desto spannender wird das Herumturnen auf und auch unter den Blöcken. In den Zentralalpen trifft man recht häufig auf ausgedehnte Blockfelder, die zudem oft noch malerisch mit Bergseen dekoriert sind. In den Kalkalpen sind sie fast ausschließlich die Überbleibsel eines ehemaligen Fels- oder Bergsturzes.

Wald. Durchforsteter Hochwald in glattem Gelände ist für Kinder langweilig, und urwüchsige, stark von Buschwerk durchsetzte Wälder, wie man sie an Steilstufen oder an Bachrändern antrifft, sind meist allzu unwegsam. Zu den idealen Klettergerüsten gehören jedoch umgestürzte Bäume. Und eine richtige Zauberwelt findet man in jenen, tief im Wald versteckten Blockfeldern mit ihren dicken Moospolstern und den geheimnisvollen Gufeln und Löchern. Auch das Erkunden kleiner, ins steile Waldgelände eingeschnittener Bachläufe macht immer wieder Spaß; die Ungewißheit ob und wie es nach der nächsten Ecke weitergehen wird, vermittelt etwas von jener Spannung, die Forscher und Erstbegeher erfüllen.

Sehenswertes. Sehenswürdigkeiten in der Natur wie Klammen, Wasserfälle, Bergseen, wilde Wände locken auch die Kinder, sie sind vor allem dann beeindruckt, wenn man ganz nahe herangehen kann. Sie bewundern sie mit großen, oft ehrfürchtigen Augen, sind danach aber froh, wenn es für sie wieder etwas aktiv zu tun gibt. Wenig Verständnis hingegen zeigen sie bei einem schönen Ausblick, und niemand sollte enttäuscht sein, wenn sie die fahrenden Autos unten im Tal beobachten, statt die Aussicht zu bewundern.

Schnee. Solange der Schnee nicht zu sommerlich hart oder gar eisig ist, wird er immer mit Begeisterung begrüßt. Das Überklettern von steilen Stellen, etwa an Wächten, und natürlich das Hinunterrutschen läßt den sportlichen Ehrgeiz auf Hochtouren laufen.

Das richtige Ferienquartier

Das ist wieder einmal ein so umfangreiches Thema, daß man ein eigenes Buch damit füllen könnte. Deshalb erscheinen hier nur ein paar wesentliche Stichpunkte etwa unter dem Motto: Welche Bedingungen muß ein Ferienquar-

Umgestürzte Laubbäume sind nicht nur ein tolles Kletter- und Spielgerüst, sie bilden auch eine ideale Schule für Geschick und Trittsicherheit.

tier erfüllen, damit alle sich möglichst wohl fühlen.

* Das Zimmer bzw. die Wohnung sollte so groß sein, daß bei Schlechtwetter ordentlich gespielt werden kann.

* Verständnis der Vermieter für Kinder ist ganz wichtig.

* Allzu hellhörige Zimmer und auf Kinderlärm empfindlich reagierende Nachbarn belasten die Nerven aller.

* Das Quartier sollte unbedingt so liegen, daß die Kinder auch ohne Aufsicht im Freien spielen können. Schließlich wollen die Eltern auch ihre Ruhe genießen. Es darf also nichts Gefährliches wie etwa eine Schnellstraße allzu nahe sein.

* Je weniger Kinderverbote es rund um die Wohnung gibt, und je mehr interessantes Betätigungsfeld vorhanden

ist, desto eifriger und selbständiger sind die Sprößlinge beschäftigt.

* Die meisten Kinder lieben Tiere.

* Zimmer oder Wohnungen in Bauernhöfen bieten vieles: günstige Preise, ein reiches Betätigungsfeld, viele Tiere, geheimnisvolle Winkel zum Erforschen, und meist kann man sich überall ohne viele Verbote bewegen.

* Sehr hoch gelegene Orte wie etwa Sulden in der Ortlergruppe oder Berggasthäuser erlauben den Kindern einen freien Auslauf. Dort gibt es nicht so viele Einschränkungen wie in tieferen Lagen.

* Richtige Berghütten sollte man bei einem vorherigen Besuch auf ihre Kindereignung hin untersuchen. Oft sind die Ausstattungen wie die sanitären Anlagen für einen längeren Aufenthalt – vor allem mit kleineren Kindern – doch allzu primitiv. Es kommen zudem nur jene Hütten in Frage, die nicht überfüllt sind.

Vor allem kleinere Kinder sind in einer fremden Umgebung plötzlich erstaunlich scheu und ängstlich. Tun Sie ihnen doch einen ganz großen Gefallen: lassen Sie sie nach der Ankunft am neuen Ort wirklich überallhin mitgehen. Ist das Domizil gut gewählt, dann lösen sie sich früher oder später ganz von alleine vom „Rockzipfel". Jede neue Umgebung muß von den Kindern erst mehr oder weniger mühsam erobert werden. Fährt man wieder an den gleichen Urlaubsort, fällt diese Belastung weg.

Und noch ein Trick: Stellt man sich und seine Kinder den Zimmernachbarn vor, plaudert ein wenig mit ihnen, dann kann man auf mehr Toleranz – etwa beim Lärmen der Sprößlinge – hoffen.

Gefahren

Gerät der Bergwanderer unterwegs in Schwierigkeiten, dann ist er bestimmt in neunzehn von zwanzig Fällen selbst daran schuld. Ihm fehlte entweder das unbedingt notwendige Wissen und Können, oder er hat sich unvernünftig verhalten. Man bräuchte sich zum Beispiel niemals zu verlaufen, wenn man die Orientierung im Gebirge beherrscht. Kluge gehen allen Gefahren so weit wie möglich aus dem Weg; andere Bergsteiger sind in dieser Beziehung wesentlich weniger streng. Doch auch sie sollten, sobald sie mit den Kindern unterwegs sind, doppelt vernünftig sein. Gefahr und Angst gehören nun einmal eng zusammen, und ein ausgestandener Schrecken gräbt sich oft besonders tief ein. Ja, häßliche Erlebnisse können ein Leben lang als Belastung erhalten bleiben.

Verirren. Das ist immer noch – ganz unnötiger Weise – Fehler und Gefahr Nummer eins im Gebirge. Und niemand sollte die Irrwege unterschätzen, die ja oft weit schlimmeres nach sich ziehen. Gerät man etwa beim Abstieg auf eine falsche Route, so kann man zu einem längeren, nicht einkalkulierten Wiederaufstieg gezwungen sein. Das kostet Kraft und Zeit, kann zur Erschöpfung führen, mancher kam dadurch auch schon in die Nacht. Und nicht selten gerät man durch einen „Verhauer" in allzu steiles Gelände. So ist auch mancher

Viele Kinder lieben in den Ferien ein einfaches, doch aufregendes Domizil, wie es Ferienwohnungen in Bauernhöfen mit all ihren Tieren usw. bieten. Walsersiedlung St. Antönien, Graubünden.

Absturz die indirekte Folge eines Verlaufens. Und bei Touren mit Kindern werden derartige Fehler natürlich besonders peinlich oder unangenehm.

Dreierlei hilft bei der Orientierung:

* Man beschafft sich gute Landkarten und Führer. Benützt man ausschließlich große, markierte und beschilderte Wanderwege, dann reichen eventuell die üblichen Wanderkarten wie die Kompaßkarte. Genau ist das Gelände jedoch nur auf den topographischen Karten der einzelnen Länder im Maßstab 1:50000 dargestellt. Exakt sind auch die Karten des Alpenvereins, die es jedoch nur für gewisse Gebiete gibt.

* Jeder sollte sich einmal ganz eingehend mit dem Thema Orientierung im Gebirge beschäftigen. Die gleichlautende Lehrschrift (Bergverlag Rother) gibt eine allgemein verständliche und doch detaillierte Einführung.

* Aufmerksamkeit unterwegs gehört zu den wichtigsten Voraussetzungen. Viele laufen gedankenlos an der – vielleicht etwas unauffälligen – Abzweigung vorbei und marschieren weiter und weiter, ohne ihren Irrtum zu merken. Man kann es immer wieder beobachten, daß Bergsteiger auf einem ganz anderen Gipfel als dem angestrebten stehen! Der Aufmerksame hätte schon längst gespürt, daß manches nicht zusammenpaßt, daß etwa der Weg nach Süden führt, obwohl das Ziel im Osten liegt. Wer stets Natur, Karte und Führer vergleicht, weiß zum Beispiel, wann er auf die Almwiese kommen muß, wann eine Scharte überschritten wird, ein Graben gequert . . .

Bei Touren mit Kindern ist vieles einfacher, wenn man den Weg bereits kennt. Damit wird nicht nur das Verlaufen ganz vermieden, man weiß dann auch im Vorhinein, ob die Route den Kindern Spaß machen wird, wie weit sie ist . . .

Schlechtwetter. Nebel ist im Gebirge stets eine tückische Gefahr. Auch ein an sich guter Weg kann streckenweise schlecht zu erkennen sein, im Frühsommer etwa, wenn er ein Stück weit

Die drohenden Wolken über dem Dachstein mahnen zur rechtzeitigen Umkehr. Nebel erschwert das Zurechtfinden besonders stark, und man sollte bei Kinderbergtouren jedes Verirren wirklich vermeiden.

unter dem Schnee verschwindet. Zudem wirkt eine „Waschküche" auf Kinder oft beängstigend. Hier wird unser Leitsatz von der Souveränität besonders wirksam. Nur der ausgesprochen Erfahrene, der die Orientierung und das Kartenlesen beherrscht, strahlt auch im Nebel die nötige Sicherheit und damit die entsprechende Ruhe aus. Alle anderen sollten zumindest die freien Höhen rechtzeitig verlassen – lange bevor der Nebel einfällt. Das Wetter zu beobachten, gehört auch zu den Grundtugenden.

Lieber einmal zu früh umkehren, als in Schlechtwetter zu geraten! Durchnäßte Kleidung ist allemal etwas Unangenehmes, und das Bergwandern soll ja nicht zur Quelle für Erkältungen etc. werden. Zudem können im Gebirge die Schneefälle selbst im Hochsommer bis 1500 m Höhe herabreichen. Man tut seinen Kindern oder auch der Frau einen echten Gefallen, wenn man sie vor allzu unangenehmem Wetter bewahrt.

Gewitter. Der Blitzschlag gehört zu den echten Gefahren im Gebirge. Es gibt nur einen einzigen Schutz dagegen: sich rechtzeitig aus dem Einschlagsbereich zu entfernen. Dazu gehören vor allem Gipfel, Grate und Hochflächen. Doch Wasserrinnen im Felsgelände

und die Drahtseile der versicherten Steige leiten die Elektrizität auch in tiefere Regionen. Zum Glück gibt es ja den berühmten Blitz aus heiterem Himmel nicht. Jedes Gewitter kündigt sich an, und es bleibt bei den üblichen Touren genügend Zeit zum Abstieg.

sich sorgfältig darum, nie unterwegs unmittelbar in ein Gewitter zu geraten. Naß zu werden, wäre weiter nicht so tragisch, doch den Blitzbereich sollte man unter allen Umständen vermeiden! Die ja unvermeidbare Furcht der Erwachsenen würde sich dann bei den Kindern

Man erkennt die gewitterverdächtigen Tage am starken Dunst, an der schwülen Luft, an den stark quellenden Wolken. Wetterdienst und die Aussagen der Einheimischen geben weitere Hinweise. Werden die Wolken allzu schwarz und drohend, dann steigt man augenblicklich ab und sieht zu, ein Dach über den Kopf zu bekommen. Es wäre an derartigen Tagen überhaupt klug, keine allzu abgelegenen Ziele anzusteuern. Durch zweierlei kann man die in vielen Kindern steckende Angst vor Blitz und Donner verringern. So bemüht man

Man kann den Kindern die – verständliche – Angst vor Blitz und Donner nehmen, wenn man das Gewitter vom sicheren Zimmer aus beobachtet und die sachlichen Zusammenhänge – kindgemäß – erklärt.

tief einprägen. Zudem sollte man vom sicheren Hort aus, etwa zuhause aus dem Wohnzimmerfenster, in aller Ruhe einmal ein Gewitter beobachten, ein wenig die physikalischen Zusammenhänge – natürlich kindgemäß – erklären, die Form der Blitze anschauen, auf den Donner achten. Kracht es sehr laut, dann war das ein „guter Donner". Kommt ein noch lauterer? Je klarer und sachlicher man über derartige Naturerscheinungen redet, desto mehr verlieren sie das Unbestimmte und damit das Beängstigende.

Steinschlag. Das ist so ziemlich die einzige Gefahr im Gebirge, die sich nicht so ganz vermeiden läßt. Steinschlag kann es unter Wänden, aber auch unter jeder steilen Flanke, ja, selbst im Wald geben. Doch durch vernünftiges Überlegen sollte man die Wahrscheinlichkeit auf ein Mindestmaß reduzieren. Schließlich hängt diese Gefahr ganz vom Gelände und den herrschenden Bedingungen ab. Auf Graten und Vorsprüngen ist man vor Steinen sicher, unter Rinnen wird die Bedrohung am stärksten, und brüchiger Fels ist selbstverständlich gefährlicher als fester. Am meisten aber muß man sich vorsehen, wenn oberhalb im Steilgelände Menschen, Schafe, Gemsen etc. unterwegs sind. In vielen Fällen wartet man dann besser in sicherer Entfernung, bis wieder Ruhe eingekehrt ist. Auch starker Regen, Schneeschmelze und das Auftauen von Eis lösen die Steine aus ihrem Bett.

Daraus ergeben sich ein paar Ratschläge:

∗ Besonders gefährliche Stellen wie die Ausmündung von Steilrinnen, den Fuß von Schrofenwänden usw. passiert man möglichst rasch.

∗ Zum Schauen, Fotografieren, Rasten usw. sucht man sich im Steilgelände immer sichere Vorsprünge aus.

∗ Als Plätze für längere Pausen und zum Spielen für Kinder eignet sich nur absolut sicheres Gelände.

Absturz. Ein Absturz wird allgemein als **die** alpine Gefahr schlechthin angesehen, sie beschäftigt selbst die Phantasie der Alpenfernen und jener, die noch nie im Gebirge waren. Allzu dramatische Spielfilme haben ein recht unrealistisches Klischee entstehen lassen. In Wirklichkeit stürzt auch im Gebirge nie jemand ohne Grund ab, es ertrinkt ja auch keiner einfach so beim Baden im See, es sei denn, er war unvernünftig weit hinausgeschwommen oder hatte einen Kollaps erlitten. So ist zum Beispiel die Zahl tödlich verunglückter Kinder am Berg recht gering.

Abstürze im Gebirge sind zu einem Teil die Folge von Unaufmerksamkeiten wie etwa einem Stolpern im Steilgelände. Doch ungleich häufiger führt ein Fehleinschätzen dazu. Der Betreffende gerät durch die eigene Unwissenheit, Überheblichkeit, Unvernunft usw. in ein Gelände, für das sein Können nicht mehr ausreicht. Ein häufiges Beispiel ist der pfadlose, direkte Abstieg über eine Steilgrasflanke. Für den wenig Erfahrenen schaut so ein Abschneider von oben oft recht einfach und verlockend aus. Wie steil und gefährlich dieses Gelände wirklich ist, spürt er erst, sobald er mittendrin steckt, zumal man ja auch die steilsten Stellen von oben gar nicht einsehen kann. Jetzt wird plötzlich von ihm etwas gefordert, dem er bei weitem nicht gewachsen ist. Ratlosigkeit und lähmende Furcht führen dann leicht zu Kurzschlußhandlungen.

Wie gesagt, Abstürze beim Bergwandern entspringen meist einem Fehleinschätzen. Sie sind die indirekte Folge eines Irrwegs, eines Wettersturzes, man hat die eigenen Kräfte oder sein Können überschätzt, hat die Zeit falsch berechnet und kam deshalb in die Nacht, war sich nicht klar über die Tücken eines harten Sommerschneefeldes, die Gefahr bei nassem Gras und hartgefrorenem Erdreich, man stürzte mit einer abbrechenden Wächte oder wurde von einem Rutsch aus nassem Schnee mitgerissen.

Bei Kindertouren im Steilgelände gilt deshalb der Grundsatz: Man sollte nur dort unterwegs sein, wo man sich selbst noch vollkommen sicher fühlt. Nur dann kann man an den entsprechenden Stellen mit zuverlässiger und vertrauenserweckender Hand helfen.

Vernunft. Die allergrößten Gefahren stecken in jedem einzelnen, sie lauten Sorglosigkeit, Unvernunft, Überheblichkeit, Ehrgeiz, Unwissenheit. Auch die zuvor behandelten alpinen Gefahren werden erst durch das eigene Verhalten zur Bedrohung. Oder umgekehrt ausgedrückt: Man kann sie durch Vernunft und Übersicht weitgehend ausschließen. Zu welch unsinnigen Taten hat zum Beispiel der Ehrgeiz schon viele Menschen verleitet, und was man an falschem Verhalten unterwegs beobachten kann, läßt einem oft die Haare zu Berge stehen. Mancher fühlt sich mit sehr wenig Wissen und Können bereits als der große Meister, und Überheblichkeit ist allemal eine gefährliche Voraussetzung.

Für sich alleine mag jeder tun, was er will. Doch sobald man mit seinen Freunden, der Frau oder gar den Kindern unterwegs ist, trägt man eine entsprechende Portion Verantwortung. Ohne Lernen und Bemühen fällt einem

Beides wäre falsch: zu viel Sorglosigkeit und zu viel Behüten und Gängeln. Es ist sehr wichtig, die Grenzen bei den Kindern (und bei einem selbst) genau zu kennen. Also nur helfen, wenn es wirklich notwendig ist, dann jedoch mit fester und sicherer Hand.

nichts in den Schoß, und gerade das Hochgebirge erfordert ein gutes Maß an Wissen und Können, von der Orientierung über die Beurteilung des Wetters und der herrschenden Verhältnisse bis hin zu einer geschickten Planung und Durchführung der Tour.

Angst

Soll der Nachwuchs auf die Dauer Freude an den Touren haben, dann darf die Angst nur zu den Ausnahmeerscheinungen gehören. Es hängt dabei alles von einem klugen Verhalten und echtem Einfühlungsvermögen ab. Dreierlei ist wichtig:

∗ Die Souveränität des „Leithammels" wirkt sich am stärksten aus. Seine Sicherheit überträgt sich unmittelbar auf seine Begleiter. Unter einer zuverlässigen Obhut lassen sich auch unangenehme und schwierige Situationen – relativ – gut meistern.

Das Gleiche gilt natürlich umgekehrt – und sogar in gesteigertem Maße. Unsicherheit oder gar Ängste des Führenden verstärken sich bei jenen, die ganz auf ihn gebaut haben. Ist das blinde Vertrauen eines Kindes in seine Eltern erst einmal gestört, dann kann sich unterwegs eine schlimme Angst ausbreiten. Und das Fatale daran:

Die verlorene Zuversicht läßt sich nur selten zurückgewinnen. Und ein Über-

spielen der Unsicherheit nützt wenig, jeder Einfühlsame wird sie trotzdem spüren. Nein, man sollte eine Tour auswählen, deren Schwierigkeiten man ganz sicher beherrscht, man muß zudem unterwegs vernünftig sein, rechtzeitig umkehren . . .

* Besonders „feinfühlige" Erwachsene machen sich über die Ängste ihrer Kinder lustig, haben aber selbst die größte Furcht vor der Nacht, dem Friedhof, vor Gespenstern usw. Die Ursachen sind bei Groß und Klein meist die gleichen: Viele ängstigen sich vor dem Unbekannten, dem Ungewissen, dem Nicht-Greifbaren. Daraus ergibt sich ganz von alleine der richtige Weg zur Abhilfe. Alle Vorgänge im Gebirge beruhen ja auf ganz klaren Tatsachen und Zusammenhängen. Erzählungen darüber in lebendiger, dem kindlichen Verständnis entsprechender Form – sachlich, nicht allzu märchenhaft – nehmen das Unheimliche. Und gelingt es sogar, Interesse und Neugier zu wecken, dann dürfte die Angst für alle Zeiten gebannt sein.

Dazu ein Beispiel. Die Höhlen gehören infolge der Märchen und Abenteuergeschichten zur reinsten Zauberwelt in der kindlichen Phantasie. Bei einem Höhlenbesuch kann deshalb die Angst viel größer als die Freude sein, und dies ist doch nicht der Sinn der Sache. Doch das Gefühl des Unheimlichen wird stark gemindert, sobald der Nachwuchs die im Verhältnis recht nüchternen Tatsachen kennt, er weiß, daß es sich um einstige unterirdische Bachläufe im wasserdurchlässigen Karstfels handelt, und der Forscher statt auf Geister und Räuber allenfalls auf Fledermäuse trifft.

* Der etwa 50 m hohe Felsaufbau am Ettaler Manndl, ein sehr beliebter Berg im Werdenfelser Land, läßt sich dank der guten Versicherungen leicht erklettern. Nach der ersten Passage geht es nach links in die steilere und ziemlich ausgesetzte Flanke hinaus. Eine ganze

Die geheimnisvolle Welt der Höhlen bietet den Kindern ein recht aufregendes Erlebnis (Stollen am Paternkofel).

Kette von Bergsteigern war an dieser Stelle unterwegs, dazwischen eine etwas dickliche Frau mittleren Alters, die beim Blick in die Tiefe plötzlich von der nackten Angst gepackt wurde. Sie stieß gellende Hilferufe aus. Ihr Mann drehte sich nur kurz um, zischte ihr ein „reiß dich zusammen, du alter Waschlappen" zu und stieg weiter. Fremde halfen ihr, hoben und schoben sie über die unangenehmste Stelle hinweg.

Unfreundlicher, aber auch idiotischer wie dieser Mann kann man sich kaum noch anstellen! Ob es der Frau überhaupt noch einmal Spaß macht, mit ihm ins Gebirge zu gehen? Eine derartig begründete Angst – ein Absturz an dieser Stelle kann leicht tödlich ausgehen – läßt sich allenfalls mit viel Liebe und Verständnis des Partners überwinden. Man muß sich seiner Hilfe stets sicher sein, seine Vernunft spüren, seine Bereitschaft, ohne Murren umzukehren (oder alleine weiterzugehen). Auch Kinder wird man kaum je durch starke Worte wie „ein Mann kennt keine Angst" oder „reiß dich zusammen, du Schwammerl" aufmuntern können. Auch Vergleiche wie „in deinem Alter bin ich schon auf den Großglockner gestiegen" haben bestimmt wenig Gutes.

Zum Wesentlichen gehört auch die Geduld. Vor einer ausgesetzten Stelle etwa setzt man sich zuerst einmal gemütlich hin, „ratscht" ein bißchen, knabbert etwas Gutes, schaut sich in Ruhe die Umgebung an . . .

Ehrgeiz

Übertriebener Ehrgeiz bei seinen Kindern schafft oft nicht die Reinhold Messner von morgen, er kann vielmehr die Freude am Bergsteigen ganz verleiden. Der schönste Freizeitspaß sollte doch nie zu einem Zwang ausarten! Der Aufmerksame erkennt rasch, was dem Nachwuchs gefällt. Es gibt Zehnjährige, die mit Begeisterung am richtigen Seil auf den Hauptgipfel der Kampenwand im Chiemgau klettern, die Mehrzahl jedoch hätte dabei allzu große Angst. Es wäre dabei ganz falsch, die eigenen Kinder zu etwas zu drängen, nur weil es der Peter vom Sektionsfreund Hintermayr auch tut. Sorgt man für eine ruhige und vernünftige Entwicklung, dann setzt sich im Laufe der Jahre die Freude an den Bergfahrten von ganz alleine durch, falls Anlagen und Interesse dafür vorhanden sind.

Keine Experimente

Ein schon uralter Grundsatz der Bergsteiger lautet: Man muß sich unterwegs stets nach dem Schwächsten richten. Bei einer Familientour setzen also die Kinder den Maßstab. Vertieft man sich in ihre Mentalität, dann wird das Thema Experimente von alleine klar. Unternehmungslustige Kinder lieben durchaus die prickelnde Spannung bei etwas Neuem, es muß jedoch in ihren Rahmen passen, muß für sie ein Prüfstein sein, an dem sie ihre Kräfte messen können. Dagegen sollten die Eltern alle Experimente unterlassen, bei denen sie selbst den Ausgang nicht wissen. So wäre es recht unklug, gerade beim Rückweg von der Familientour einen direkten Abstieg ins Tal auszuprobieren, bei dem man sich über das Durchkommen nicht sicher ist.

Unterwegs

Planung und Vorbereitung

Grundsätze wie „jeder soll zufrieden sein" lassen sich leicht aufstellen, doch wie eine Tour finden, die allen Spaß macht? Unsere Vorschläge im zweiten Teil des Buches sind natürlich gezielt nach diesen Gesichtspunkten ausgewählt. Führer, Bücher, Zeitschriften liefern weitere Anregungen. Und wer das Kartenlesen versteht, kann das Überlegte gleich auf seine Kindertauglichkeit hin prüfen. Weglänge und Höhenunterschiede lassen sich ja genau ablesen. Der Bergwanderer (ohne Kinder) legt im flachen Gelände drei bis fünf Kilometer zurück, bei Steigungen dreihundert bis vierhundert Meter Höhe, im Abstieg etwa das Doppelte. Das vorherige Berechnen der Gehzeiten sollte man nie versäumen, um keine bösen Überraschungen zu erleben. Eine gute Karte läßt auch Rückschlüsse auf den Charakter des Weges zu, ob er durch Wald oder über freie Flächen führt, steil oder flach ist usw.

Welche Tourenlänge man dem eigenen Nachwuchs zumuten kann, muß jeder selbst herausfinden. Gipfelhungrige Kinder unter zehn Jahren, die dafür auch größere Mühen in Kauf nehmen, sind die Ausnahme. Die meisten empfinden die Entfernung einer Erwachsenen-Gehstunde schon als reichlich lang.

Bei der Planung gehören auch das Wetter und die Verhältnisse (Beispiel: ist in

Kinder, die angeblich schon „todmüde" sind, erwachen urplötzlich wieder zu voller Aktivität, wenn sie in eine interessante Umgebung kommen.

der Höhe noch mit Schneefeldern zu rechnen?) zu den wichtigen Faktoren. Klug wäre es auch, ein konkretes Ziel anzusteuern wie eine Hütte, einen Gipfel, einen Wasserfall . . . ; die meisten Menschen und auch viele Kinder spornt das an. Und wenn man schon vorab ein bißchen über die Route und das Ziel Bescheid weiß, das Interessante geschickt anzudeuten versteht, dann wächst die Vorfreude, steigt die Spannung, wird unterwegs das Durchhaltevermögen größer.

Unterwegs

Je abwechslungsreicher und für ein Kind interessanter ein Weg ist, desto eifriger wird es laufen. Es wäre dabei ganz falsch, es zu einem gleichförmigen Marschieren zu zwingen. Stöhnt ein Kind über Müdigkeit, dann ist selten die körperliche Anstrengung daran schuld; es hat einfach keine Lust zum Laufen, es langweilt sich. Der scheinbar so Erschöpfte wird schlagartig wieder putzmunter, sobald sich etwas Interessantes zeigt. Kinder wollen eben hin- und herrennen, hier und dort schauen, auf Bäume und Felsen klettern . . . Am Gehen selbst liegt ihnen

meist herzlich wenig. Auch die Zwang zum Stillsitzen bei den Rasten, „um sich auszuruhen", entspricht wenig den kindlichen Bedürfnissen. Hier gilt das Gleiche wie beim Marschieren.

Energie und Freude

Aus Mangel an Vergleichsmöglichkeiten fällt es dem Einzelnen oft gar nicht auf, wie sehr Stimmung und Begeisterung in seiner Gruppe vom Leitenden und dessen Schwung und Energie abhängen. Ein Beispiel: Tourenwochen im Gebiet der Fanesalm in den Dolomiten gehörten zum Programm einer Bergsteigerschule. Einen der Kurse leitete ein begeisterter Extremkletterer, der Wände mit besonders kurzen Anmarschwegen am meisten schätzt. Eine Wanderung über das kilometerweite Karstplateau am Heiligkreuzkofel war für ihn eine reine Pflichtaufgabe, die er ohne alle Lust, ja, mit stillem Widerwillen („fader Hatscher") absolvierte. Auch seine „Schäfchen" fanden die Tour lang, langweilig, ermüdend. Die Teilnehmer am nächsten Kurs hingegen waren begeistert von genau derselben Tour; dank ihres Führers sahen sie die Karstfläche nicht als öde Steinwüste sondern als Feld voller Merkwürdigkeiten und Überraschungen an, da gab es Ammoniten, gewaltige Felstafeln, riesige Dolinen zu bewundern . . .

Entsprechendes wird natürlich auch bei der Familientour wirksam. Die Langeweile eines Kindes beim Weg durch den Hochwald wird durch die Eltern noch verstärkt, wenn sie selbst darüber jammern. Doch das Stimmungsbarometer steigt sofort, wenn einer die Initiative für ein paar Späßchen ergreift, eine Tannenzapfenschlacht beginnt, einen Slalomlauf um die Bäume veranstaltet, Verstecken spielt . . .

Mit offenen Augen

Mancher kennt nur sein Ziel und marschiert gleichsam mit Scheuklappen durchs Gebirge. Reicher aber wird das Erleben, wenn man all das Sehenswerte unterwegs in sich aufnimmt, von den Alpenblumen über die Landschaftsformen bis hin zu Stimmungen. Und noch mehr gewinnt man aus dem Schauen, weiß man ein wenig über die Zusammenhänge Bescheid. Was kann einem zum Beispiel das Gestein alles erzählen! Das Aussehen vieler charakteristischer Berge wird von ihm geprägt, wie am so auffallend quer gebänderten Warscheneck im Toten Gebirge oder an dem Steilgrasberg Höfats im Allgäu. Auch aufgeschlossene Kinder haben viel Spaß an derartigen Fragen, sofern die Erklärungen nicht schulmeisterlich werden. Was steckt zum Beispiel alles in dem Thema „die Arbeit des Wassers".

Nahezu alle Kinder lieben das Beobachten von Tieren. Doch vieles wie die Frösche, übersieht der Unaufmerksame. Man muß seine Augen offen halten!

Ein Zaubermittel: Geschichten erzählen

Gerade bei kleineren Kindern gerät das Vorwärtskommen irgendwann ins Stocken. Manchmal reichen ein paar kleine Tricks zur Aufmunterung. Zum Beispiel: Wer sieht als erster die nächste rote Blume, dann die nächste blaue usw. Dieses Spielchen geschickt in die Marschrichtung gelenkt, läßt das folgende Wegstück rasch zurücklegen. Recht verlockend wirkt sich auch das Versprechen auf einen guten Schluck oder eine Leckerei aus, die es weiter vorne an einer schon sichtbaren Stelle geben wird. Mit etwas Phantasie findet man manche Möglichkeit dieser Art.

Das stärkste Mittel sollte man sich vielleicht für den Rückweg aufheben, bei dem das Vorankommen manchmal besonders zäh ist: das Erzählen von Geschichten. Da gibt es eine breite Palette, von den bekannten Märchen über Selbsterfundenes bis hin zu Rätseln in der Art von siebzehn und vier.

Steilgelände und Kletterei

Sicherheit ist etwas sehr Relatives und zwar trifft das nicht nur bei den Erwachsenen sondern auch für die Kinder zu. Man sieht es dem Neunjährigen auf dem Foto der Seite 18 an, daß er sich auf dem steilen und hartgefrorenen Schnee völlig sicher bewegt. Die Fähigkeit, Kinder richtig einzuschätzen, gehört zu den ganz wichtigen, aber diffizilen Aufgaben der Eltern. Einerseits müssen sie deren Grenzen genau erkennen, um dann mit ganz energischer Hand zu helfen. Andrerseits tut es der kindlichen Seele recht weh, und der Sprößling schämt sich vor den Vorbeikommenden, wenn er allzusehr gegängelt wird. Viele Eltern neigen dabei eher zu einem Übertreiben der Vorsicht.

Das Weitere in Stichpunkten:
* In jedem Gelände, in dem kein gefährlicher Absturz möglich ist, läßt man die Kinder laufen, wie es ihnen Spaß macht. Eventuelle Schrammen und blaue Flecken verschwinden schon wieder, und sie können eine heilsame Lehre für die Zukunft sein.

* Im steilen Gras, in Schrofen und in einfachem Felsgelände geht der Erwachsene unter dem Kind und zwar sehr nahe, fast auf Tuchfühlung. So kann er bei einem ungeschickten Schritt augenblicklich helfen. Auch einer etwas ängstlichen Frau könnte man mit dieser Methode Sicherheit geben.

* Im steileren Fels übernimmt dann eine Reepschnur die Sicherung. Diese „Hundeleine-Methode" muß in allen Details einwandfrei angewendet werden, sonst sollte man lieber derartige Touren unterlassen.
Das Wichtige dabei:
– anseilen nur in der beschriebenen Weise; es darf zum Beispiel der Anseilknoten beim Abstieg nie auf den Rücken kommen;
– pro Reepschnur und Erwachsenem nur ein Kind anbinden;
– der Erwachsene bleibt immer oberhalb, die „Hundeleine" sollte leicht gespannt sein;
– die Methode hat nur einen Sinn, wenn sich der Führende in dem Gelände absolut sicher bewegt, und er ständig voll konzentriert ist;
– im üblichen Gelände beträgt der Abstand höchstens zwei Meter; an kleinen, etwas schwierigeren Stufen wartet das Kind, bis der Erwachsene hinaufgekraxelt ist, um erst dann an der straffen Reepschnur zu folgen; diesen längeren Abstand darf man aber nur bei geradem Auf- und Abstieg, nie jedoch bei Querungen anwenden.
* Auch beim Begehen von einfacheren Klettersteigen ist die „Hundeleine" das Richtige. An steileren Stellen kann man dabei die Reepschnur hinter den Verankerungen des Drahtseiles durchführen, oder sie durch Klammern ziehen.
* Auf das richtige, anspruchsvollere Klettern mit Seil usw. können wir hier nicht eingehen. Bitte studieren Sie dazu die Fachliteratur oder besuchen Sie einen entsprechenden Kurs einer Bergsteigerschule.

Die Hundeleine:

Man braucht dazu eine Reepschnur von 6 m Länge und mindestens 6 mm Stärke. Sie ist in jedem Sportgeschäft, das auch alpine Ausrüstung führt, zu haben.

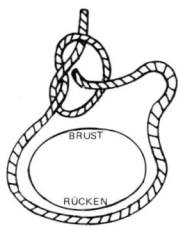

Beim Anseilen geht man so vor:
Man legt die Reepschnur dem Kind um den Rücken und führt sie unter den Achseln wieder nach vorne. Dabei soll das rechte Ende noch gut 1 m lang sein.
In das linke, längere Ende knüpft man eine einfache, lockere Schlaufe.

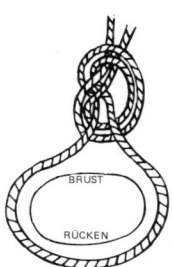

Das rechte Ende wird nun durch diese Schlaufe gesteckt und zwar exakt dem Verlauf der ersten Schlaufe folgend. Es müssen also zwei vollkommen gleiche und auch gleichlaufende Schlaufen entstehen, bei denen die Enden an den gleichen Stellen in den Knoten führen und aus ihm herauskommen.

Der Knoten wird vor dem Zuziehen so an den Körper herangeschoben, daß die Reepschnur straff sitzt, doch keinesfalls beengt.

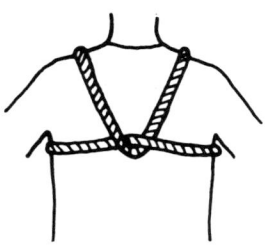

Das kurze, rechte Ende wird dann über die Schulter nach hinten geführt, durch die um den Rücken laufende Reepschnur gezogen, über die andere Schulter wieder nach vorne geholt und hier verknotet. Diese „Hosenträger" verhindern ein Hinabrutschen des Seils.

So sieht die fertige „Hundeleine" aus. Der Erwachsene kann sich noch in das Ende des langen Reepschnurschwanzes eine Handschlinge knüpfen.

Noch eine Warnung: Das Kind soll sich nie an der Reepschnur, sondern ausschließlich am Fels, Drahtseil etc. festhalten.

Vierzig
Tourenvorschläge
die so richtig Spaß machen

Sind Sie nach dem Durchstudieren der Seiten 6 bis 41 immer noch der Meinung, die einfachste und harmloseste Tour eigne sich für Kinder am besten? Dann gäbe es folgenden Rat für Sie: In jedem der vielen Wanderführer finden Sie eine reiche Auswahl an Vorschlägen der Kategorie „einfach (und langweilig)".

Für die folgenden Seiten wurden nämlich ganz bewußt **andere** Touren herausgesucht. Interessantes Gelände, spannende Wege heißen die Zauberworte (nicht nur für die Kinder!). Dort langweilt sich bestimmt niemand!

Aber – interessante Wege stellen in manchen Fällen auch höhere Anforderungen. Niemand braucht jedoch Bedenken zu haben, denn unsere Palette reicht von einfach bis anspruchsvoll; es findet also jeder das Geeignete (auf die Unterschiede wird unmißverständlich hingewiesen). Nur die Auswahl muß er selber – mit dem notwendigen Verantwortungsbewußtsein! – vornehmen. Das persönliche Können bildet den Maßstab.

Ein paar Hinweise

Touren mit Höhepunkt: Einen Kramer oder einen Hochgern oder gar einen Simetsberg werden Sie auf den folgenden Seiten nicht finden. Sie bringen ganz gezielt eine Auswahl von Touren mit echten Höhepunkten und einem Minimum an Langeweile, also ausgesprochene Kinderleckerbissen, die jedoch auch jedem aufgeschlossenen Erwachsenen wirklich Spaß machen werden. Die Vorschläge sind thematisch sehr weit gestreut vom Besuch einer Klamm bis zur Besteigung eines Dreitausenders, um die im Gebirge so große Vielfalt einzufangen. Ganz zwangsläufig werden dabei einige Gebiete verstärkt, andere weniger berücksichtigt; die Landschaft ist eben recht unterschiedlich gut geeignet.

Altersangaben: Ganz spontan erwartet man bei Tourenvorschlägen für Kinder eine Angabe, für welches Alter sie empfehlenswert sind. Beschäftigt man sich näher mit dem Thema, dann erkennt man schnell den Unsinn dieser Forderung. Bei der Familie Binder lief die Ursula am ausdauerndsten und bockte unterwegs am seltensten; und sie war ausgerechnet die Jüngste unter drei Geschwistern. Viele verfallen nur allzu leicht in den Fehler, sich selbst und das Verhalten der eigenen Kinder als Norm zu nehmen.

Der Autor eines Buches ist jedoch verpflichtet, einen Maßstab von größtmöglicher Objektivität zu finden. Und bei Tourenvorschlägen gibt es dazu nur eine wirklich brauchbare Zahl – die allgemeine Gehzeit. Die Eltern finden sicher schnell heraus, welche Weglänge speziell für ihren Nachwuchs vernünftig ist.

Gehzeit: Bei diesem Thema gibt es Parallelen zu den Ausführungen über die Altersangaben. Immer wieder erscheinen Tourenvorschläge, bei denen Gehzeiten für Familien mit Kindern angegeben werden. Auch das ist ein echter Unsinn! Man muß sich unbedingt klar darüber sein, daß Zeitangaben ausschließlich Vergleichszahlen sein können, und sie unter den stets genau gleichen Bedingungen aufgestellt sein müssen. Unsere Angaben entsprechen dem Gehtempo eines geübten Bergwanderers und damit auch den üblichen Wanderführern. Der Aufmerksame wird rasch lernen, wieviel länger er mit seinen Kindern unterwegs ist.

Nahziele: Unter diesem Begriff finden Sie Spielplätze, die sich rasch und mühelos erreichen lassen und ein reiches Betätigungsfeld abgeben. Sie eignen sich deshalb für Kinder jeden Alters, vor allem aber für die Kleinen.

Gipfel: Alle Ziele bei unseren Tourenvorschlägen sind selbstverständlich ebenfalls „kindergeeignet". Was nun speziell für Sie und Ihren Nachwuchs in Frage kommt, hängt einerseits – wie bereits besprochen – von der Gehzeit ab und zum zweiten natürlich von den Schwierigkeiten. Und hier sind die individuellen Unterschiede bei den Kindern wieder einmal ungemein groß, und damit wären Altersempfehlungen auch auf diesem Sektor wenig sinnvoll. Die wichtigste Richtschnur stellt ohne Zweifel das eigene Können des Erwachsenen dar. Nur dort, wo er sich absolut sicher fühlt, darf er mit schwächeren Partnern unterwegs sein.

Technische Hilfen: Es gehört heute schon fast zum guten Ton unter den Bergsteigern, auf alle technischen Einrichtungen im Gebirge kräftig zu schimpfen. Doch viele für Kinder ideale Touren werden erst durch Bahnen, Lifte und Bergstraßen möglich, da die Talregionen ja viel weniger Interessantes bieten als die Hochlagen.

Abstieg: Wenn der Rückweg nicht extra beschrieben wurde, verläuft der Abstieg stets auf dem Aufstiegsweg.

Unsere kleinen Symbole:

 = **wandern**

 = **spielen**

 = **anschauen**

 = **kraxeln**

 = **einfaches Klettern**

 = **versicherter Steig**

Wer unterwegs nicht allzu laut ist und zudem seine Augen offen hält, kann sehr viel sehen vom Rotwild bis hin zu Vögeln, Schlangen und Eidechsen.

Formarinsee und Ganahlskopf
An den Quellen des Lech

Auch für keine Kinder

Ein Bergsee im tiefen Kessel und eine typische Alpenvereinshütte

Interessant für alle

Stille Rundwanderung, ein malerisches Karstfeld, Kletterfelsen, ein einfacher und ein anspruchsvoller Gipfel

Durch die beiden Quelltäler des Lechs mit den Bächen von Formarin und Spuller führen kleine, aber asphaltierte Mautstraßen weit empor. So kann man mühelos den schönen, so verschiedenartig geformten Gipfeln des Lechquellengebirges recht nahe kommen. Vom Ende der einen Straße bei der Formarinalp erreicht man nach einem kurzen mühelosen Spaziergang die Freiburger Hütte, bei der sich überraschend der Blick nach Süden zum Rätikon und in die Silvretta öffnet. Man wandert dabei ein Stück oberhalb des Formarinsees entlang, der in einem erstaunlich tiefen Kessel liegt. Für dieses Phänomen gibt es eine simple Erklärung: Das Wasser des Sees fließt unterirdisch ab.

Im Gebiet von Formarin werden kleine und große Gipfel, nahe und ferne (1 bis 4 Std.), einfache und anspruchsvolle serviert – man kann zwischen fünfzehn Möglichkeiten wählen! Familien, die stille Gebiete lieben, sollten den Formaletsch umrunden und dabei je nach Geschmack und Gusto null bis fünf Gipfel besteigen. Besonders reizvoll sind ein kleines Karsttal und eine Hochfläche, die – wie ihr großer Bruder in den Berchtesgadener Alpen – als Steinernes Meer bezeichnet wird. Individualisten besteigen den Pögertlekopf (2539 m), bei dem die Aufgabe lautet, den richtigen Durchschlupf in dem teilweise steilen Grasgelände zu finden. Diese Probleme bietet der Ganahlskopf (2314 m) nicht, er ist nur eine Spritztour vom Schafjöchle aus. Beim Rückweg wird man den kleinen Umweg über die Freiburger Hütte mit einbeziehen, um dort bei Limo, Bier und Brotzeit zu schwelgen.

Ausgangspunkt: Vom berühmten Ferienort Lech in Vorarlberg nach Zug und weiter auf der Mautstraße zur Formarinalp (1871 m).

Das ganz nahe Ziel – Freiburger Hütte (1918 m, ½ Std.). Von der Alp auf breitem Weg links oberhalb des Formarinsees zum Rauhen Joch mit der Hütte.

Die Rundtour – Schafjöchle (2085 m, Gesamtzeit etwa 2 ½ Std.). Von dem kleinen Boden direkt unter der Formarinalp auf einem ganz kleinen Steig über die Weidefläche erst nach Osten, dann in einem langen Bogen in ein Karsttälchen, das zum Rasten, Spielen, Herumtollen einlädt. Leicht steigend beliebig über die gewellte Steinfläche nach Süden, bis man auf den Weg Spullersee–Freiburger Hütte trifft. Auf ihm nach rechts in das Schafjöchle und zur nahen Hütte hinab. Nach Norden über dem See vorbei zurück zum Auto.

Der nahe Gipfel – Ganahlskopf (2341 m, ¾ Std. ab Schafjöchle). Es handelt sich um den Berg im Süden über dem Joch. Man wandert durch die

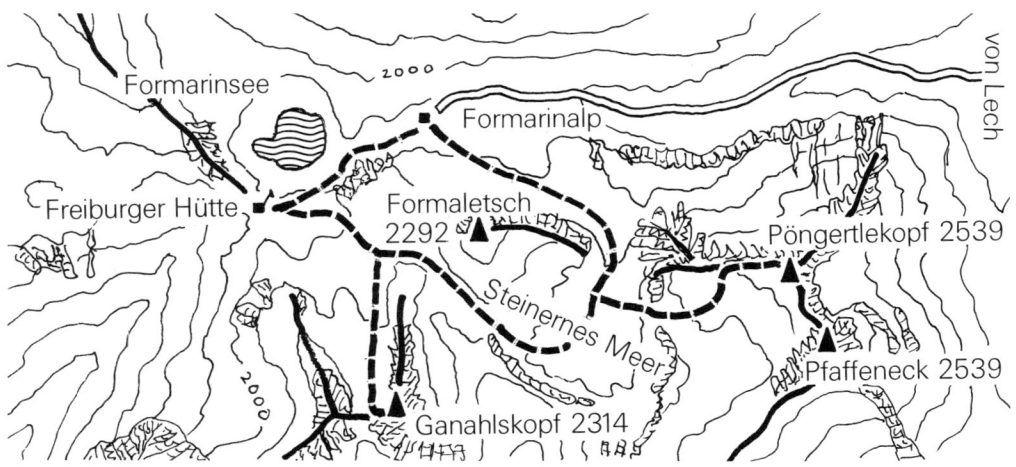

Mulden rechts neben dem Nordgrat zum Westrücken und erreicht über ihn den Gipfel.

Der einsame Berg – Pöngertlekopf ● (2539 m, 1 ½ Std. aus dem Karsttälchen). Aus dem Tälchen über teilweise recht steiles Gras, die günstigsten Stellen nützend, in das Kar südwestlich des Gipfels und über den linken Grat zum höchsten Punkt. Ohne Schwierigkeiten, doch Orientierungsvermögen im weglosen Gelände notwendig.

Einkehrmöglichkeit: Freiburger Hütte.

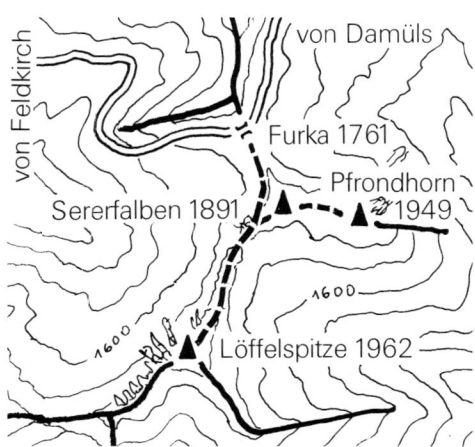

Im Bregenzerwaldgebiet
Der Grat zur Löffelspitze

Spannend für alle

**Drei ganz nahe Gipfel ·
ein Grasgrat mit vielen Köpfchen
und kleinen Felsstufen
zum Klettern · ungewöhnlich
üppige Blumenpracht**

Ein Grat, der von einem ganz dicken Graspelz mit allerreichstem Blumenschmuck überzogen ist, und der doch immer wieder mit kleinen, spannenden Kletterstellen aufwartet, gehört bestimmt zum Ungewöhnlichen. Ein Steig führt zuoberst über die Köpfchen im Nordrücken der Löffelspitze. Er bietet eine wirklich reizvolle Tour für alle Geschickten, serviert viel Abwechslung mit Mini-Kletterstufen und ist doch nie beängstigend steil oder ausgesetzt – also ein Genuß für alle von sieben bis zu siebzig Jahren! Die Voraussetzungen müssen jedoch stimmen: Man

Das Dörfchen Gramais versteckt sich in einem Nebenast des Lechtals in 1321 m Höhe. Es ist noch sehr ursprünglich.

braucht Schwindelfreiheit und muß auf trockenes Wetter warten. Wie bei allen Wegen in Grasgelände werden natürlich auch hier die Steine bei Nässe unangenehm schmierig. Sererfalben und Pfrondhorn wären noch zwei zusätzliche Grasspeisen für Gipfelhungrige.

Ausgangspunkt: Furka (1761 m), Straßenpaß zwischen Damüls (Bregenzerwald) und dem Tal von Laterns, das bei Rankweil/Feldkirch ins Rheintal mündet.

Müheloser Gipfel – Sererfalben (1891 ● m, ½ Std. ab Furka). Vom Parkplatz am Paß auf den Grat, dann rechts durch die Flanke empor auf die Südschulter des Gipfels. Nach Norden zum höchsten Punkt.

Die spannende Tour – Löffelspitze ◥ (1962 m, 1 ¼ Std. ab Furka). Wie oben zur Südschulter. Nach Süden in den tiefsten Sattel und immer auf dem Grat bleibend über mehrere Zwischenköpfe und einige schmale Stellen, ein kurzweiliges Steigen mit Miniklettersteilen, zum Gipfelkreuz (Trittsicherheit angenehm).

Zusatzgipfel – Pfrondhorn (1949 m, 40 ● Min. ab Südschulter). Wie oben zur Südschulter des Sererfalben. Nun entweder über ihn oder – kürzer – quer durch die Flanke in die trennende Scharte hinüber und im Gras auf kleinem Steig steil aber ohne Schwierigkeiten auf den Gipfel.

Einkehrmöglichkeit: Kiosk auf der Paßhöhe.

Stille Lechtaler Alpen
Das Roßkartal

Auch für kleine Kinder
Das Bergdorf „am Ende der Welt"
Etwas Ausdauer nötig
Ausflug in die Ursprünglichkeit: Wasserfälle und ein romantischer Bergsee in einem von Felsgipfeln umrahmten Hochkessel

Gramais und Roßkartal eignen sich für Bergbummler ohne festen Plan und starres Programm. Leicht aufregend ist die Autofahrt durch das schluchtartige Tal hinein zu dem Bergdörfchen auf seinem kleinen, schrägen Wiesenplan inmitten einer schroffen Bergkulisse. Die Merkmale des Bauernlebens, Kühe, Hühner, Hunde, Katzen vermischen sich mit einem Anflug von Fremdenverkehr. Dem Roßkartal, das von Gramais nach Südwesten führt, geben Geröll, Latschen und die scharfgezackten Felsgipfel wie der Großstein (2634 m) einen herben Grundcharakter. Zu ihm bilden dann die vielen Wasserfälle und der obere, grasüberzogene Karboden mit dem erstaunlich großen Roßkarsee (2118 m) einen schönen Kontrast. Man kann die Tour am ersten oder am zweiten Wasserfall abbrechen oder sie noch um den Abstieg über den Heinzensprossengrat erweitern, um den von dort oben plötzlich so freien Blick zu genießen.

Ausgangspunkt: Von Häselgehr im Lechtal auf teilweise etwas ausgesetzter Bergstraße nach Gramais (1321 m).

48

Der Bergsee – Roßkarsee (2118 m, 2½ Std.). Hinab zum Hauptbach und gleich gegenüber ins Tal. Kurz über Bergwiesen, dann im geröllreichen Tal flach hinein zum Unteren Pletschigen Boden. Jetzt am rechten Hang rasch aufwärts zum ersten Wasserfall (1750 m, 1½ Std.) und weiter zum zweiten (1860 m, 20 Min.). Im Mattengelände noch ein gutes Stück empor zum Roßkarsee. Problemloser, aber steiniger Steig. Rückweg auf dem Heinzensprossensteig: Vom See quer durch die Hänge nach Norden zum Grat hinaus. Abwärts zu einer breiten Schulter, dem Hirschleskopf (2047 m). Zwischen Latschen, dann über schöne Hochmäder und eine steile Stufe zurück ins unterste Roßkartal (1 Std. weiter als der direkte Abstieg; Trittsicherheit notwendig).
Einkehrmöglichkeit: Gh in Gramais.

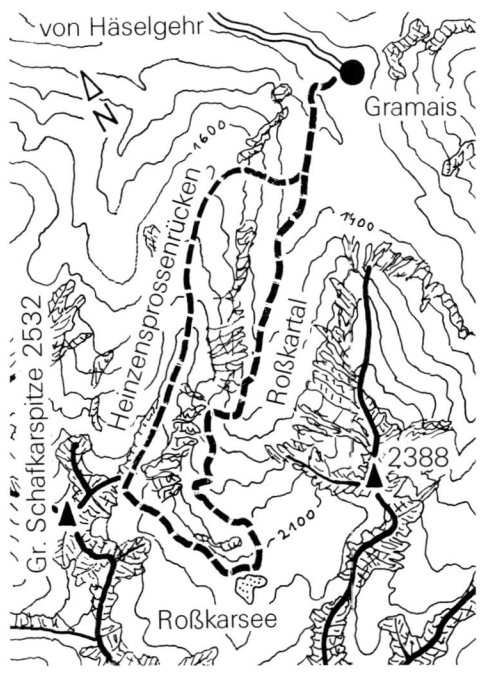

Thema mit Variationen
Tannheimer Berge

Auch für kleine Kinder

Ein vollwertiger Gipfel mit Drahtseil und Kreuz ·
Felsrevier als Abenteuerspielplatz

Interessant für alle

Gipfel für jeden Anspruch ·
ein ganz harmloser Berg
und zwei Klettersteige

Kleinräumige Gebirge wie die Tannheimer Gruppe bieten die größte Mannigfaltigkeit und eignen sich damit besonders für die Familientour. Dort gibt es wirklich alles, vom harmlosen Wandergipfel wie die Große Schlicke (2059 m, 1½ Std. vom Füssner Jöchl) bis hin zur extremen Wandkletterei an Roter Flüh und Gimpel. Eine reizvolle Spritztour mit ein paar ganz einfachen Felsstellen bietet die Läuferspitze. Am Südwestfuß des Gipfels trifft man zudem auf das Ideal eines Kinderklettergartens mit Blöcken, Kaminen und kleinen Wändchen. Ein reiner Wandergipfel wäre der Schartschrofen, während die Rote Flüh mit einem versicherten Steig lockt. Es gibt außerdem am Schartschrofen einen echten, jedoch ganz kurzen Klettersteig von schon fast dolomitenartigem Zuschnitt – „schön" steil und luftig.

Ausgangspunkt: Grän (1138 m) im Tannheimer Tal, das südlich des Ostallgäus in Tirol liegt.
Nahziel – Läuferspitze (1956 m, ½ Std.). Mit dem Lift zum Füssner Jöchl (1818 m). Von dort genau nach Süden

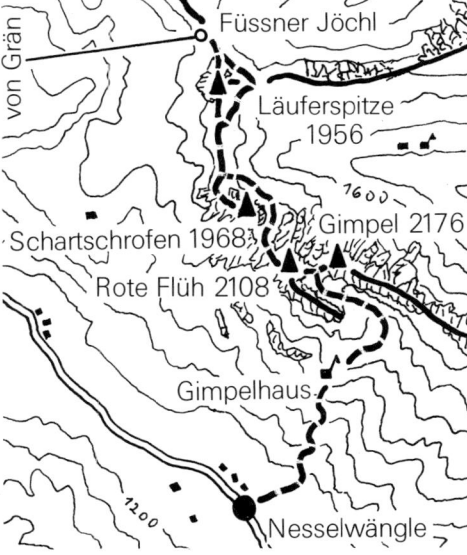

Die Südseite der Roten Flüh mit dicker Neuschneeauflage. Die Route führt über die Flächen am linken Grat.

auf bequemem Steig zum Reintaljoch und quer durch die Gras- und Latschenhänge ins Hallergernjoch. Von dort gemütlicher Bummelanstieg zum Gipfel. Beim Rückweg zum Füssner Jöchl kann man ab Hallergernjoch die Läuferspitze auch auf einem Steig im Westen umgehen.

Einfacher gesicherter Steig – Rote 🔳 Flüh (2108 m, 2 Std.). Entweder vom Hallergernjoch (siehe oben) auf der Ostseite unter dem Schartschrofen hindurch in die Gelbe Scharte oder von dessen Gipfel auf anspruchsvollem, ausgesetztem Klettersteig direkt dort hinab. Von der Scharte fesselnde Route über Schrofen und ein paar versicherte Felspassagen auf die Rote Flüh. Rückweg auf gleicher Route oder rascher Abstieg nach Südosten am Gimpelhaus vorbei nach Nesserwängle. Einfacher als der Aufstieg; 1 ½ Std.

auf einem Steig über steile, steinige Hänge auf den Grat und über eine Platte mit Drahtseil zum Kreuz. Über die Platte zurück, dann südöstlich unter den Gipfel zu dem erwähnten Block- und Klettergarten.

Gipfel ohne Probleme – Schartschrofen (1968 m, 1 Std.). Vom Füssner Jöchl

Im Herzen der Allgäuer Alpen
Der Test-Klettersteig

Auch für kleine Kinder
Gipfel und Kletterfelsen in Bergbahnnähe
Macht den Geschickten Spaß
Abwechslungsreicher Klettersteig, dessen Begehung man – nach Können und Laune – an drei Stellen abbrechen kann

Eigentlich dürfte man das Nebelhorn-gebiet gar nicht empfehlen, denn die Gebäude und die Umgebung der Seilbahn-Bergstation kann man nur mit „störend häßlich" einstufen. Doch an keiner anderen Stelle lassen sich die eigenen Klettersteigfähigkeiten und der Spaß der Kinder an solchen Bergwegen besser testen als am Hindelanger Steig. Und der menschlichen Bequemlichkeit kommt er auch entgegen, wird man doch bis aufs Nebelhorn mit seinen 2224 m hinaufgetragen von zwei Bahnen und zwei Liften. Hier beginnt der lange Gratweg. Rasch erreicht man über zwei Felshöcker hinweg den Westlichen Wengenkopf (2235 m), den Hauptgipfel des Kammes. Das war der erste Vorgeschmack. Hat er schon Schwierigkeiten bereitet, Angst geweckt? Dann gibt man besser auf und

Linkes Bild: Die Läuferspitze; der Aufstieg führt über den Grat von links, das letzte Stück ist versichert.

Rechtes Bild: Passage am Hindelanger Klettersteig; das Gelände wirkt hier etwas steiler, als es der Wirklichkeit entspricht.

steigt nach Süden ab. Der Weiterweg verlangt etwas mehr Können, ist dabei jedoch ausgesprochen reizvoll. Der Grat besteht aus einer langen Folge von kleinen Aufschwüngen und Abbrüchen, die teilweise mit Drahtseilen, Stiften und Leitern versichert sind, einen stets in Atem halten, aber keine echten Probleme bieten. Der zweite Abschnitt endet in einer tiefen Scharte mit Südabstieg. Darf es noch mehr sein, noch eine Idee anspruchsvoller werden? Dann bleibt man weiter dem Grat treu, überschreitet den Östlichen Wengenkopf (2206 m), turnt über eine ausgesetzte Kante hinab, dann folgen wieder viele Zacken. Oberhalb des Koblatsees gibt es einen dritten Fluchtweg nach Süden, bevor der letzte Abschnitt mit ein paar etwas mächtigeren Felsköpfen beginnt.

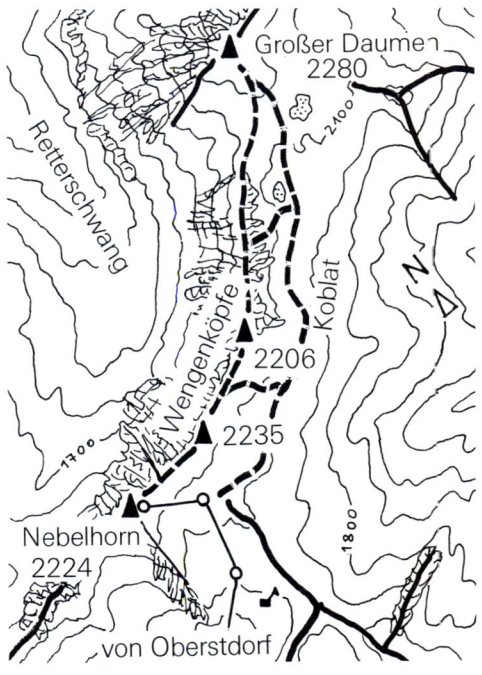

Ausgangspunkt: Oberstdorf (813 m), die bekannte Urlaubsmetropole im Oberallgäu. Die Talstation der Nebelhornbahn liegt im Osten des Ortes.

Klettersteig – Hindelanger Steig (1 bis 2 ½ Std.). Mit den Seilbahnen und Liften auf das Nebelhorn (2224 m). Immer dem Grat folgend nach Osten über die Wengenköpfe; Details und Zwischenabstiegsmöglichkeiten siehe oben. Vom Gratende evtl. in 30 Min. auf den Großen Daumen (2280 m). Rückweg über das Koblat, eine wellige Karstfläche südlich des Grates, zur Nebelhornbahn (¾ bis 1 ½ Std.).

Einkehrmöglichkeiten: Nur im Bereich der Bahnen und Lifte.

Südlich des Tannheimer Tales
Bärgacht und Traualpsee

Auch für kleine Kinder

Wiesen, Felsblöcke und ein großer Wasserfall in verstecktem Talwinkel

Interessant für alle

Hüttenanstieg und drei Bergseen

Der Vilsalpsee füllt den Nebenast des Tannheimer Tales in seiner gesamten Breite. Die supersteilen Graspleisen des Geierköpfles – die so typisch für die Allgäuer Alpen sind – stürzen direkt ins Wasser ab. Der ausgesprochen beliebte Ausflug über den Traualpsee hinauf zur Landsberger Hütte macht auch etwas größeren Kindern Spaß, ist er doch nie langweilig und einförmig.

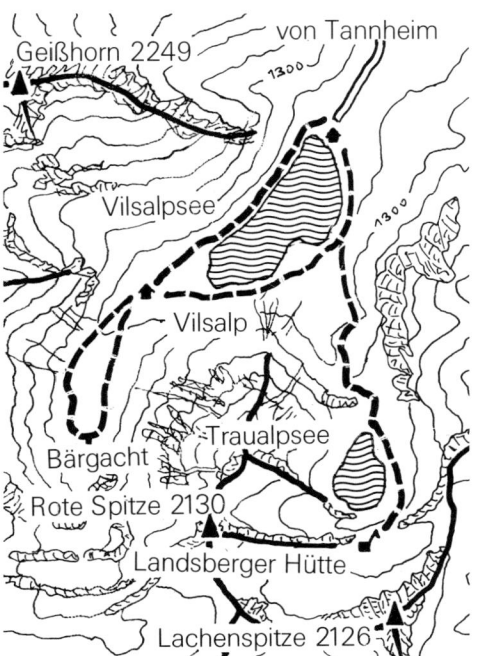

Und von dort oben sind die Gipfel wie die Steinkarspitze (2067 m, 40 Min.) nur noch einen Katzensprung entfernt. Doch wer nur bummeln, genießen, faulenzen will, der wandert in den allerhintersten, ganz abgeschiedenen Talwinkel, Bärgacht genannt, wo der Bach über eine hohe Wand herabstaubt. Die Matten, Felsblöcke und das verzweigte Bachbett laden den homo ludens zum Bleiben und Herumspielen.

Ausgangspunkt: Vilsalpsee (1165 m), Stichstraße von Tannheim im gleichnamigen Tal; dorthin von Pfronten im Ostallgäu durchs Engetal.

Die Bummeltour – Bärgacht-Wasserfall (1300 m, 1 Std.). Am rechten Ufer entlang und auf dem Sträßchen zur Vilsalpe. Nicht gerade auf dem Fahrweg weiter sondern von den Häusern über die Wiesen zum Wald und rechts des Bachbettes talein. Auf dem markierten Steig zu den Blockwiesen und noch bis zum Wasserfall. Zurück evtl. auf der anderen Bachseite.

Der Hüttenanstieg – Landsberger Hütte (1805 m, 1 ¾ Std.). Am linken Ufer entlang, dann bald auf dem stark ausgetretenen Weg links empor über kleine Böden und Steilstufen zum Traualpsee (1645 m) und über eine weitere felsige Stufe zur stattlichen Landsberger Hütte.

Einkehrmöglichkeiten: Gh Vilsalpe und Landsberger Hütte.

Der Bärgacht-Wasserfall im hintersten Winkel des Vilsalptales bei sehr hohem Wasserstand im Frühsommer. Man gelangt ohne Schwierigkeiten bis unmittelbar an den Fuß des Falles.

Die Allgäuer Nagelfluhberge

Gelchenwang und Rindalphorn

Auch für kleine Kinder
Kleinräumige, mit vielen Felsen dekorierte Alplandschaft
Interessant für alle
Zwei große, doch schnell erreichbare Gipfel mit Kreuzen

Nagelfluh sagen die Allgäuer zu diesem eigenartigen Gestein, Konglomerat lautet die offizielle Bezeichnung. Runde Kiesel jeder Größe sind zu einer festen Masse zusammengebacken. Den wirklich einmaligen Reiz dieser Landschaft zaubert die Aufteilung der Nagelfluhfelsen in kleine und kleinste Rippen hervor, eine Minibergwelt voller Abwechslung und Überraschungen. Das Bächlein etwa, das den Weg von der Scheidewang zu den freien Alpweiden begleitet, bildet in ganz rascher Folge kleine Klammen, Wasserfälle von wenigen Metern Höhe, Gufeln, tiefblaue Becken . . . Der Frühsommer mit seiner besonderen Blütenpracht oder der Herbst, wenn das Vieh schon abgetrieben ist, sind die idealen Jahreszeiten für diese Tour der kurzen Wege, die Kinder in jedem Alter begeistern kann. Schon die Zufahrt auf dem Alpsträßchen ist ein netter Auftakt, und es gibt dann keinerlei langweilige Wegpassagen. Zudem stehen zwei schöne, große

Kinder mit Phantasie entdecken unterwegs immer wieder Neues, mit dem sie spielen können; ein Ast wird zum „Waldhorn".

Gipfel zur Wahl, die sich problemlos besteigen lassen.

Ausgangspunkt: Von Bihlerdorf zwischen Immenstadt und Sonthofen ins Gunzesrieder Tal und in ihm bis zur Säge. Weiter auf einem Mautsträßchen zum Sattel der Scheidewang (1316 m). *Nahziel* – Gelchenwang (1400 m, ½ Std.). Auf dem breiten Alpweg um einen kleinen Rücken herum in ein Bachtälchen und über kleine, malerische Stufen, das richtige Tummelfeld für alle Phantasievollen, zu den Weideflächen der Unteren Gelchenwangalp (1417 m).

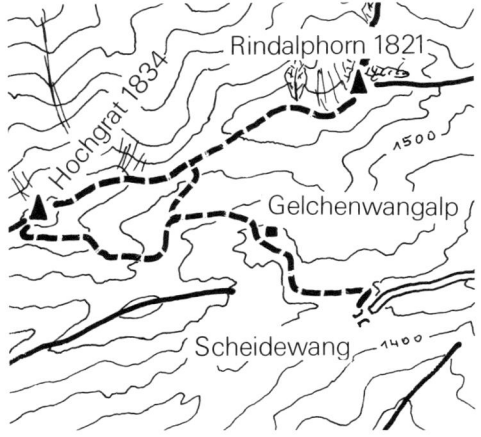

Müheloser Gipfel – Rindalphorn (1821 m, 1 ¼ Std. ab Gelchenwang). Weiterweg von der Alp nördlich oberhalb des Baches zum Gütle und empor in die Brunnenauscharte (1624 m). Von dort über den breiten Grasrücken zum Gipfelkreuz. Evtl. anschließend längs des Verbindungskammes zum Hochgrat (1834 m, gut 1 Std.), dem Hauptgipfel der Gruppe, hinüber. Bester Abstieg von dort über den Südostrücken.
Einkehrmöglichkeit: Keine.

Felslandschaft en miniature

Über den Sonnenberggrat

Macht allen Spaß

Der Weg ist das Ziel · spannende Route längs eines abwechslungsreichen, mit zahllosen Felstürmchen dekorierten Grates · viele Gemsen

Fährt man von Bad Kohlgrub nach Oberammergau, dann fällt über dem Tal im Süden ein Bergzug ins Auge, der aus einer langen Reihe von Köpfchen und Felszacken besteht, die jedoch nur wenig über die Wald- und Latschenhänge emporragen. Das ist der Kamm von Zahn, Sonnenberg und Pürschling. Hier wachsen die Felstürme wie Riesenpilze aus den steilen Gras- und Latschenhängen. Dabei gibt es groteske Formen zu bewundern, die reinsten Fabelwesen stehen am Weg, dickbäuchige Gnomen, Hexen mit struppigem Haar (zerzauste Latschen), Gestalten mit Wasserköpfen ... Als erstes Ziel lockt der Gipfel des Sonnenbergs

Felskopf auf dem Sonnenberggrat in den Ammergauer Alpen. Das kleinräumige Gelände wird von den Kindern besonders geschätzt. Kurzweiliges hält sie bei Laune, Gleichförmiges ermüdet sie rasch.

(1621 m). Dort oben kann man sich stolz ins Gipfelbuch eintragen. Der weitere Weg ist wieder gespickt mit spannenden Stellen. In dem teilweise recht steilen Gelände schlängelt er sich zwischen den Felsen hindurch, quert Rinnen, zieht manchmal durch die Nordflanke, weicht dann den Türmchen wieder in der besonders steilen Südseite aus. Dieses Steiglein ist für der Geschickten das Nonplusultra an einem – ja noch recht niedrigen – Voralpenberg, doch der Neuling muß schon gut aufpassen, hier darf er sich keinen Fehltritt erlauben! Auch die Länge des Steiges stimmt genau; bevor es den Kindern zu viel wird, liegt der Grat hinter ihnen, und dann lockt das Pürschlingshaus (1565 m), das wenige Minuten oberhalb auf dem Kamm steht. Wer meint, er sei noch nicht auf seine Kosten gekommen, kann zum Teufelstättkopf (1758 m) hinaufstürmen, die anderen lassen es sich inzwischen bei einer Brotzeit wohlsein.

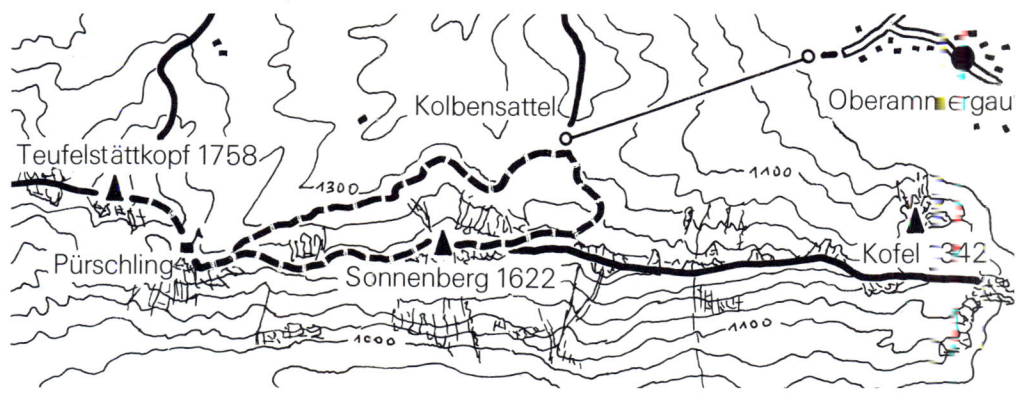

Ausgangspunkt: Oberammergau (837 m), das bekannte Holzschnitzer- und Passionsspieldorf.

Die spannende Rundtour – Sonnenberggrat (1621 m, 1½ Std.). Mit dem Sessellift zum Kolbensattel (1276 m). Nach Süden empor bis unter den von teilweise abenteuerlich geformten Felszacken gekrönten Grat. An ihm entlang nach Westen. Kurzer Abstecher auf den Sonnenberg mit Kreuz und Gipfelbuch. Weiter auf dem Steiglein mit seinen packenden und prickelnden Stellen längs des Sonnenberggrates teils auf der Nord-, teils auf der Südseite in einen weiten Sattel und kurz empor zu den Pürschlingshäusern. Kleiner, ordentlicher Steig, der jedoch Trittsicherheit erfordert.

Zusatzgipfel – Teufelstättkopf (1758 m, 40 Min. ab Pürschling). Auf dem erdigen Weg steil zum Grat hinauf. Über ihn und eine kleine Hochfläche zum Gipfelkopf und über ein paar Felsen zum Kreuz.

Rückweg: Ein breiter Weg quert die Hänge und mündet bei der Bergstation des Liftes.

Einkehrmöglichkeiten: Pürschlingshäuser, Brotzeitstüberl im Kolbensattel.

Kuhfluchttal

Auch für kleine Kinder

Reißender Bach mit Blöcken und Stromschnellen · drei Wasserfälle

Interessant für alle

Eindrucksvolles Blockgewirr · der Wald mit schiefen Bäumen · wasserreiche Quellen in senkrechter Felswand

Derartig reißende Bäche, die sich zwischen Blöcken hindurchzwängen, über Felsstufen springen, durch kleine Klammen schäumen, gibt es sonst nur in den Zentralalpen und nicht zwischen den bayerischen Vorbergen. Diese für das kleine Tal so erstaunlichen Wassermengen quellen in 1150 m Höhe mit Ungestüm aus mehreren Löchern in den

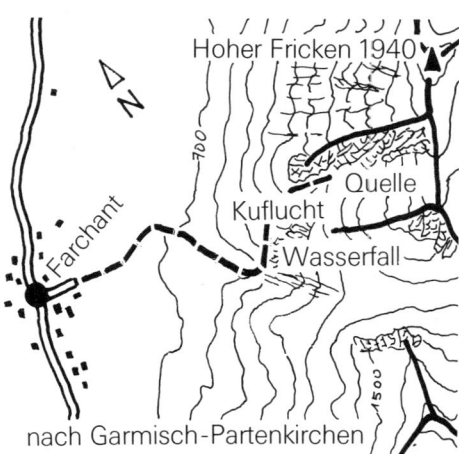

senkrechten Wänden – ein einmaliges Schauspiel! In dem anschließenden, ungewöhnlich steil herabziehenden Tal schneidet sich der Bach so tief in den Untergrund ein, daß ganze Berghänge

ins Rutschen geraten und phantastische Anblicke schaffen: Klüfte im Waldboden, Bäume, die kreuz und quer stehen, das wirre Durcheinander eines Felssturzes . . .

Ausgangspunkt: Farchant (672 m, Ortsteil Mühldörfl, 4 km nördlich von Garmisch-Partenkirchen.

Nahziel – Kuhflucht-Wasserfälle (790 m, 30 Min.). Genau nach Osten durch den lichten, parkartigen Wald zum Talausgang. Immer rechts oberhalb des rauschenden Baches zum ersten Wasserfall. Über die Brücke und 3 Min. oberhalb in die kleine Klamm bei den oberen Fällen.

Aufstieg zur Quelle – Kuhflucht-Felssturz (1150 m, + 45 Min.). Auf dem kleinen Steig über die steilen Hänge empor, teils an der Geländekante, teilweise links im Wald. Wo in 1100 m Höhe der Steig endgültig nach links führt, bleibt man an der Kante (alte Markierungen), der man bis zum Felssturz folgt. Über die etwas wackeligen Blöcke (Vorsicht!) nach rechts, bis der Blick auf die Quellen frei wird.

Die Kuhflucht-Quelle. Mit Druck quillt hier das Wasser aus der senkrechten Felswand. Daneben gibt es noch einige kleinere Quellen. Die Erscheinung ist typisch für ein Karstgebiet. Auf den kilometerweiten Flächen des Michelfeldes nordöstlich des Krottenkopfes verschwindet das Regenwasser in Dolinen, also in Schachthöhlen. In einem Höhlensystem fließt es dann nach Südwesten, um hier als Kuhflucht-Quelle wieder ans Tageslicht zu treten. 5 km Luftlinie liegen zwischen Ein- und Ausfluß – ein langer unterirdischer Weg!

Hoch über dem Tal der jungen Isar

Mittenwalder Klettersteig

Auch für kleine Kinder

Zwei Gipfel bei der Bergbahnstation

Macht den Geschickten Spaß

Gut angelegter, ausgesprochen abwechslungsreicher Klettersteig ohne beängstigende Passagen · sehr rascher Zugang

Wenn Kinder richtige – unschwierige – Klettersteige lieben, dann wird ihnen der Mittenwalder Höhenweg besonders viel Spaß machen. Nach einer span-

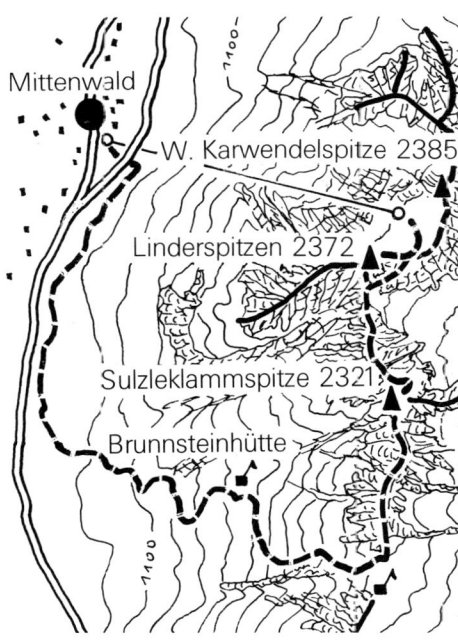

nenden Seilbahnfahrt hoch über steilen Felsflanken und einem Aufstieg von nur 25 Minuten ist der Ausgangspunkt bereits erreicht. Es folgt ein Grat mit klei-

nen Aufschwüngen und Abbrüchen und mancher pfiffigen Stelle, der jedoch immer gut und ausreichend mit Drahtseilen, Leitern usw. gesichert ist. So wird dieser relativ lange Grat mit seinen vier allerdings kleinen Gipfeln nie Langweile aufkommen lassen. Und bei dem recht weiten Abstieg gibt es auf halbem Weg etwas Verlockendes: eine gute Brotzeit auf der Brunnsteinhütte.

Ausgangspunkt: Mittenwald (913 m), Talstation der Bergbahn im Osten des Ortes unter der Schnellstraße (Zufahrt von dort).

Der Klettersteig – Mittenwalder Höhenweg (2321 m, 2½ Std. für den Grat). Von der Bergstation hinüber zum breiten Sattel und auf die Nördliche Linderspitze (2372 m). Beginn der Versicherungen. Hinab ins Gatterl (hierher auch – schneller – vom breiten Sattel quer durch die Hänge). Nun über die Grate der Südlichen Linderspitze (2305 m) zum Gamsangerl (Notabstieg nach Westen). Links durch die Felsflanke, dann knapp unter der Sulzleklammspitze (2321 m) hindurch und über die beiden Kirchlspitzen (2301 m) zum Brunnsteinanger. Jetzt über die Geröll- und Latschenhänge zur Brunnsteinhütte (1523 m, DAV) hinab und weiter ins Tal. Bis hier 1¼ Std. Ein netter Vater holt von hier aus das Auto, um den 2-km-Straßenmarsch der Familie zu erspa-

Dieser breite Weg führt von der Seilbahnstation zur Linderspitze, wo der Klettersteig beginnt. Die Felsen links gehören zur Westlichen Karwendelspitze, die man rasch besteigen kann. Im Mittelgrund die Lärchfleckspitze, hinten die Östliche Karwendelspitze.

ren. Überschreitung auf gut gesicherten Steigen, Trittsicherheit und Schwindelfreiheit notwendig.
Einkehrmöglichkeiten: Bergstation der Bahn, Brunnsteinhütte.

Eindrucksvolles Wetterstein
Höllental und Alpspitze

Interessant für alle

Guter Steig durch wildes Felstal · Klamm mit tosendem Wasser und bizarren Schneegebilden

Macht den Geschickten Spaß

Durchsteigung einer großen Wand auf besonders sorgfältig ausgebautem Klettersteig

Die Abstiegsroute durchs Höllental verdient drei Sterne. Dank des so liebevoll gebauten Weges, er ist teilweise aus den Felsen gesprengt, läßt sich die grandiose Hochgebirgswelt in Ruhe bewundern. Vom Hupfleitenjoch führt der Weg durch die steilen Hänge zu den Knappenhäusern, die wie ein Adlerhorst auf einer Kanzel thronen und einen begeisternden Blick auf die Zugspitze mit ihrem Gletscher bieten. Bei der Höllentalangerhütte erreicht man das Tal; dieser grüne Boden wird von himmelhohen Bergflanken umrahmt. Dann geht es talaus, der Bach schneidet sich immer schärfer und tiefer ein und verschwindet schließlich in der Höllentalklamm. Das tosende, so steil abwärts strömende Wasser und die in der Klamm aufgetürmten Kegel aus Lawinenschnee schaffen einmalige Eindrücke.

In der Höllentalklamm. Diese Schlucht ist ungewöhnlich wasserreich, der Bach, der steil herabströmt, tost und donnert laut. An vielen Stellen stauben Nebenbäche über die hohen Wände herab. Deshalb die Regenkleidung nicht vergessen!

Der schöne, große Felsdreikant, die Alpspitze, das Wahrzeichen von Garmisch-Partenkirchen, läßt sich auf der sogenannten Nordwand-ferrata wie auf einer Feuerleiter erklimmen. Die einzelnen Eisenklammern folgen in so kurzem Abstand, als hätte man sie extra für Kinderbeine angebracht. Der Geschickte so ab zehn Jahren kann sich deshalb diese Tour zutrauen, sofern er sich nicht vor den Abbrüchen unter seinen Füßen fürchtet. Im oberen Teil sind die Felsen nämlich steil und ausgesetzt. Die Wand ist mehr als 500 m hoch.

Ausgangspunkt: Vom westlichen Ortsrand von Garmisch-Partenkirchen nach Süden zur Talstation der Osterfelderbahn.
Der grandiose Abstieg – Höllental und Höllentalklamm (2½ Std.). Von der Bergstation (2000 m) nach Norden in einen kleinen Boden hinab und links kurz wieder empor ins Hupfleitenjoch (1760 m). Durch die teilweise sehr steilen Hänge auf ausgezeichnetem Weg immer schräg talein und an den Knappenhäusern vorbei zum Höllentalanger. Nun im schmalen Tal nach Norden, durch die wirklich großartige, aber sehr nasse Klamm (Regenmantel empfehlenswert) und anschließend durch ein langgestrecktes Waldtal nach Hammersbach. Mit der Zugspitzbahn oder zu Fuß in 25 Min. zurück zum Auto.

Klettersteig – Alpspitze (2620 m,  2 Std.). Von der Bergstation nach Süden zu den Felsen. Wegverzweigung. Immer den reichlichen Versicherungen des Klettersteiges folgend durch die Nordwand auf eine Schulter und durch steile Rinnen der Westwand auf den Gipfel. Abstieg: Über den Schutt der Ostflanke ins Oberkar und auf der versicherten Nordwand-Traverse zurück zur Bergbahn.

Einkehrmöglichkeiten: Bergstation Osterfelder, Knappenhäuser, Höllentalangerhütte.

Die erste Klammern-Leiter an der sogenannten Alpspitz-ferrata im Wetterstein. Die hohe und lange Route ist üppig mit Versicherungen versehen und eignet sich deshalb besonders gut für den Nachwuchs, falls er die entsprechende Kondition mitbringt. Sehr viele Kinder lieben Klettersteige, und oft bewegen sie sich in diesem Gelände so sicher wie die Großen. Es gehört zu den wichtigen Aufgaben der Eltern, das Können der Sprößlinge richtig einzuschätzen. Man darf nie leichtsinnig sein, sollte die Kinder aber auch nicht mehr als nötig beaufsichtigen und gängeln.

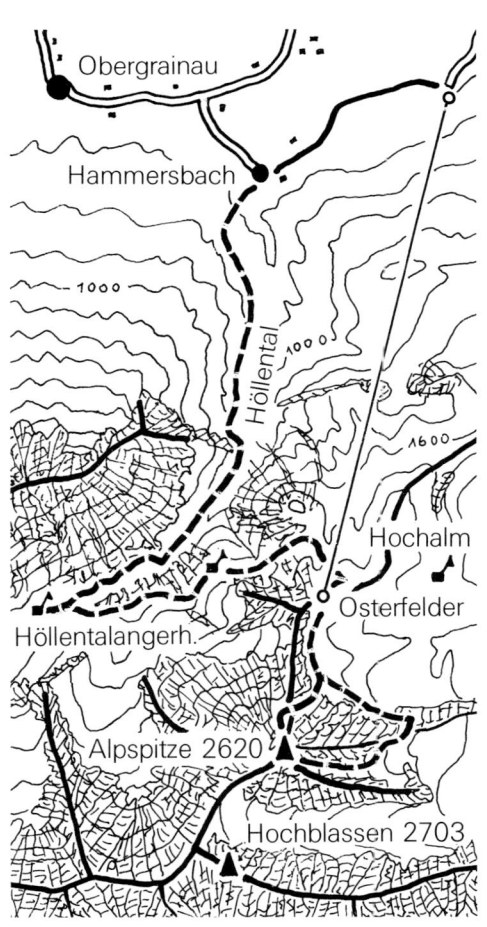

Ideales Gelände im Ostrofan
Marchgatterl und Rofanspitze

Auch für kleine Kinder

Märchenreich aus Felsblöcken und ein malerisches Bergseelein

Interessant für alle

Gipfel für jedes Können, jeden Geschmack von 20 Minuten Gehzeit bis zu ? Stunden

Die Nordostecke des Rofans rund um das Marchgatterl und die Hirschlacke scheint für unser Prinzip des Familienausflugs extra geschaffen zu sein. Hier treffen alle Bedingungen in idealer Weise zusammen. Der gut halbstündige Zugang von den Kramsacher Liften, vorbei am Zireinersee, in das gelobte Land ist selbst für ein gehfaules Kind kein Problem. Und schon steht das reinste Spiel-Schlaraffenland zur Verfügung – und zwar für alle und nicht nur für den Nachwuchs. Der Lieblingsbeschäftigung Nummer eins, dem Klettern, sind hier keine Grenzen gesetzt. Blockwerk, Felsen, Türme, Nadeln jeder Größe und jeder Schwierigkeit bieten sich in allen erdenklichen Ausführungen. Drunten an der Hirschlacke gibt es zudem Wasser in besonders malerischer Weise, ist das Seelein doch auf drei Seiten in Blockwerk gebettet. Und dann stehen nicht weniger als sieben Gipfel zur Wahl. Der nächste, die Marchspitze (2004 m) ist ganze zwanzig Minuten entfernt, auch die Rofanspitze (2259 m) mit den interessanten Wegen über Schaf- und Bettlersteig läßt sich in einer Stunde

Aufnahme der folgenden Seiten: Das Rofan gehört zu den Mustergebirgen für das Kinderbergsteigen, denn das Gelände zeigt besonders viel Abwechslung. Auf dem Bild der Roßkopf von Süden.

erstürmen. Und wenn der Vater seinen Freund mitbringt, dann öffnet sich ihm ein weites, zusätzliches Betätigungsfeld: Er kann zwischen den schönsten Kletterrouten des Gebietes wählen. Die Felshöhe von 100 m am Rofanturm ist zum Beispiel genau das Richtige für eine Spritztour im Fels.

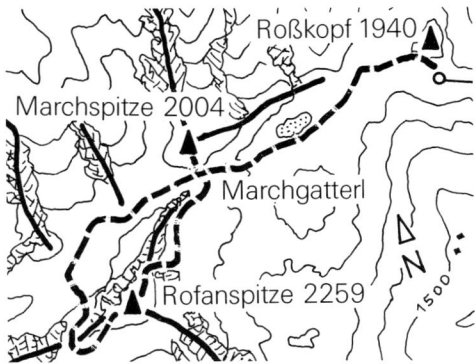

Ausgangspunkt: Kramsach (535 m) im tirolerischen Inntal. Talstation der Lifte im Nordwesten des Ortes.

Nahziel – Marchgatterl (1905 m, 40 Min.). Mit den Liften zur Bergstation (1783 m) und auf gutem Weg am großen Zireinersee vorbei zum Marchgatterl. Eine besonders abwechslungsreiche Blocklandschaft zieht bis zum Roßköpfl hinauf und reicht nach Westen bis zur nahen Hirschlacke hinab.

Der mühelose Gipfel – Marchspitze (2004 m, 20 Min.). Vom Marchgatterl über die blumenreichen Matten nach Norden zum Gipfel.

Die abwechslungsreiche Rundtour – Rofanspitze (2259 m, 1 Std. ab Marchgatterl). Vom Gatterl nach Südwesten zu den Felsen hinauf, dann links in dem Schrofengelände (Drahtseil) steil zum Grat und nach links auf den Gipfel. Rückweg: Über den Rücken nach Westen und dann in der Südflanke in die Gruberscharte. Kurz nach Norden zum Bettlersteigsattel empor, dann über die Steilflanke abwärts zum Ampmoosboden, einem besonders malerischen Kessel am Fuß der glatten Seekarlspitz-Nordwand. Dann nach Osten über das Halsl zurück zum Marchgatterl.
Einkehrmöglichkeit: An der Lift-Bergstation.

Steinböcke, die keine Schafe sondern eine Ziegenart sind, lassen den Menschen erstaunlich nahe herankommen.

Im Gebiet der Benediktenwand

Achselköpfe und Steinböcke

Interessant für alle

Dank der Kleinräumigkeit und Vielgestaltigkeit ein echtes Kinderdorado mit vielen, problemlosen Gipfeln und Gipfelchen · Steinbockrevier

Steht man auf einem der kleinen Gipfel, so liegt der nächste schon zum Greifen nahe vor einem, das lockt und zieht und macht die Grattour vom Brauneck zu den Achselköpfen zu einem kurzweiligen Höhenspaziergang. Fünf kleine Berge aus Gras, die keinerlei Schwierigkeiten bieten, und drei leicht felsige

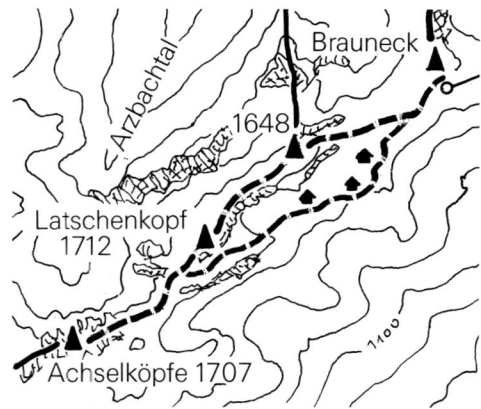

Köpfe können die Beute des heutigen Tages sein. Dazu kommt die steigende Spannung, ob man an den Achselköpfen auf Steinböcke trifft, diese majestätischen Alpentiere mit ihren Riesenhörnern, die – wider Erwarten – gar nicht so scheu sind. Und beim Rückweg stehen gleich mehrere urige Hütten zur Wahl, um auch dem Magen ein paar Freuden zu gönnen.

Ausgangspunkt: Lenggries (679 m) im Tal der Isar; bei der Schnellstraßen-Ausfahrt gleich nach Westen über die Brücke zur Talstation der Brauneckbahn.

Die Gratwanderung – Achselköpfe ● (1707 m, 1¾ Std.). Von der Bergstation ◻ neben und auf dem Grat meist in freiem ◑ Grasgelände zum Latschenkopf (1712 m, knapp 1 Std.), dabei überschreitet man das Stangeneck (1646 m, kurzzeitig etwas schmälerer Grat) und kann durch Mini-Abstecher Brauneck (1555 m), Schröfelstein (1548 m) und Vorderen Kirchstein (1670 m) besteigen. Nun meist zwischen Latschen in den Feichtecksattel hinab und über kleine Böden und ein paar völlig harmlose Fel-

sen auf den höchsten Achselkopf. Evtl. weiter zu den beiden anderen, nahen Gipfeln, einfache, reizvolle Felsstellen; hier trifft man am ehesten auf die Steinböcke. Gute Steige. Rückweg: Vom Feichtecksattel südlich des Kammes in malerischem Gelände mit Felstürmchen, zerzausten Fichten, kleinen Böden und leider auch häßlichen Lift-Bauten zu den drei Berggasthäusern und zurück zur Bahn. Guter Steig, 1¼ Std. ab Sattel.

Unterwegs im Revier der Kletterer
Im Herzen des Wilden Kaisers

Etwas Ausdauer nötig

Ein spannender Steig in unmittelbarer Nähe der berühmtesten Kletterwände wie der Fleischbank-Ostwand · Besteigung eines großen Kaisergipfels

Senkrechte, von Kaminen zerfurchte Felswände aus hellem, besonders festem und griffigem Kalk machen den Wilden Kaiser zu einem Dorado für Kletterer. In keinem anderen Gebirge der Erde sind auf engstem Raum so viele Steilfelsjünger unterwegs wie hier. Ganz nahe über der Steinernen Rinne ragen die beiden berühmtesten Wände auf, die Fleischbank-Ostwand und die Predigtstuhl-Westwand. Vom Steig, der durch das schüsselartige Kar emporführt, ist auch Herr Jedermann dabei, er hat gleichsam seinen Parterreplatz und kann – vor allem mit einem Fern-

Von Süden läßt sich das berühmte Kletterge-birge Wilder Kaiser am besten bewundern, denn hier verstellen keine großen Berge den Blick. Auf dem Bild: Schwarzsee gegen die dominierende Ackerlspitze, rechts die Mank-spitze.

glas – den Künstlern im Fels zuschau-en. Ein prickelndes Erlebnis nicht nur für den Nachwuchs! Man sollte jedoch nur mit größeren Kindern durch die Steinerne Rinne heraufsteigen, der Zu-gang aus dem tief eingeschnittenen Kaiserbachtal ist eben doch recht lang. Der krönende Abschluß dazu wäre eine Besteigung der Hinteren Goinger Halt; ein Steiglein zieht durch die Felshänge, hin und wieder muß man auch ein we-nig klettern.

Man kann sich natürlich auch mit dem Besuch des Stripsenjochs zufrieden-geben, in dem ein großes Alpenvereins-haus liegt. Dabei lassen sich nicht nur die Felsabstürze bewundern, man kann auch ausgiebige Studien treiben was hier so alles unterwegs ist, vom sanda-lenbeschuhten und blasengeplagten Ausflügler bis zum eisenklimpernden Klettermatador.

Ausgangspunkt: Von der Straße Kös-sen – St. Johann in Tirol zweigt in der Griesenau eine Mautstraße zur Gries-neralm (980 m, Großparkplatz) ab.

Der problemlose Ausflug – Stripsen-joch (1577 m, 1¾ Std.). Auf breitem, sehr viel begangenem Weg kurz durch Wald, dann durch Mulden zum Joch mit dem Stripsenjochhaus.

Im Revier der Kletterer – Steinerne Rinne (1990 m, 2¾ Std.). Wie oben von der Griesneralm zum letzten Boden un-ter dem Joch. Nun scharf nach links auf

dem Eggersteig quer durch die teil-weise etwas felsigen Hänge (Schwin-delfreiheit notwendig) nach Osten, dann durch die ungewöhnlich ein-drucksvolle Steinerne Rinne über Fels (Drahtseil) und Geröll ins Ellmauer Tor (1990 m) mit überraschendem Blick in die Hohen Tauern.

Ein großer Kaisergipfel – Hintere Goinger Halt (2192 m, ¾ Std. ab Ell-mauer Tor). Vom Tor kurz aufwärts, dann links durch die Flanke mit einigen leichten Kletterstellen zum Grat und zum Gipfel.

Abstieg: Evtl. vom Tor nach Süden zur Wochenbrunner Alm und nach Ellmau.

Einkehrmöglichkeiten: Am Stripsen-joch und bei der Griesneralm.

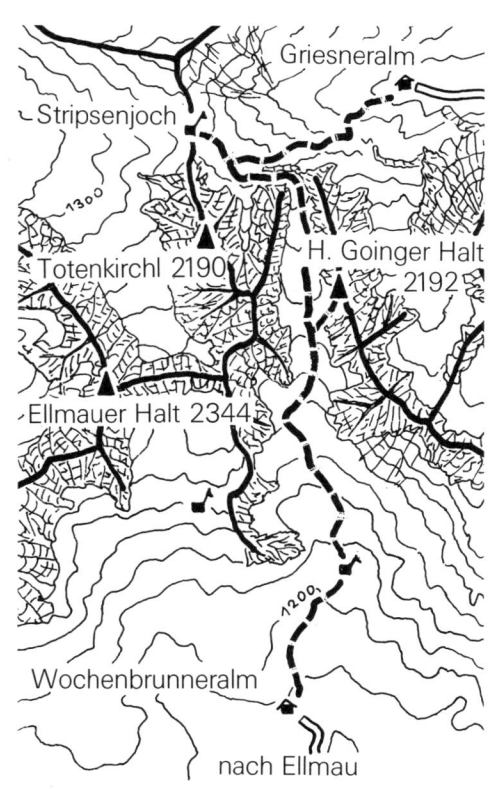

Im Rotwandgebiet

Für jeden etwas

Touren ohne Mühen, Schwierigkeiten und Ängste · Wahl zwischen einem knappen Dutzend verschiedener Gipfel

Die von den vielen Begehern rundgetretenen und polierten Steine sind stumme Zeugen dafür, daß schon Generationen von bayerischen Bergsteigern rund um die Rotwand gewandert sind. Und seit dem Bau der Taubensteinbahn ist der Ausflug zur gemütlichen Familien-Bummeltour geworden, immer noch so lohnend wie vor fünfzig Jahren, doch leider allzu beliebt und überlaufen. Nicht weniger als zehn Gip-

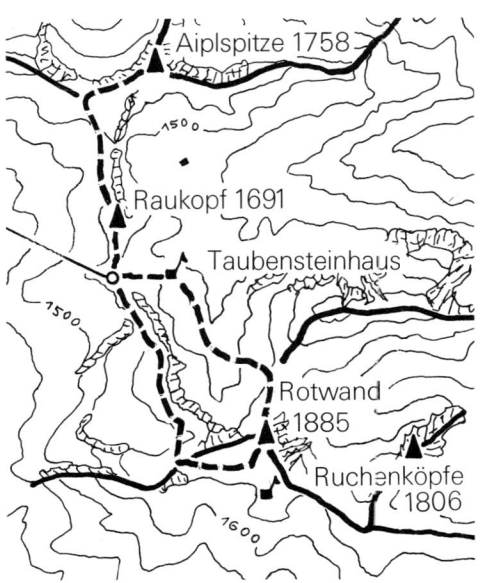

Blick vom Gipfel der Rotwand auf die Ruchenköpfe, die interessante, kurze Klettereien bieten. Hinten der Wilde Kaiser.

fel und Gipfelchen lassen sich in diesem Gebiet miteinander kombinieren, dabei gibt es ganz bequeme Bergpfade und ein paar Routen mit etwas Pfiff, wie der recht steile Rotwand-Nordgrat ab Miesingsattel, der sich bei Nässe in eine beängstigende Rutschbahn verwandelt, der Südgrat des Rauhkopfes oder der Übergang vom Tanzeck zur Aiplspitze. Und wer den Kletterern zuschauen will, den locken die kantigen Ruchenköpfe und ihre hellen Kalkwände zu einem Abstecher. Er kann auch selbst „Hand an den Fels legen" und sich am beliebten Westgrat versuchen (Schwierigkeitsgrad II). Aus der Fülle von Möglichkeiten sollen hier die „Pfiff"-Routen kurz skizziert werden.

Ausgangspunkt: Spitzingsee (1085 m), dorthin auf breiter Bergstraße von Schliersee über Neuhaus. Vom Spitzingsee dann mit der Taubensteinbahn zum gleichnamigen Sattel (1590 m).
Die kleine Rundtour – Rotwand ● (1885 m, 2 ½ Std. Gesamtzeit). Links ☐ am Taubenstein vorbei, dann quer durch die Hänge zur Kleintiefentalalm. Über den Hang zum Miesingsattel und auf pfiffig-steilem Steiglein unmittelbar zum Gipfel der Rotwand. Abstieg parallel zum Grat hinab zum Kirchsteinsattel (oder kleiner Umweg über das Rotwandhaus, DAV) und über den Lempersberg oder an ihm entlang zurück zum Taubensteinsattel.
Abstecher nach Norden – Aiplspitze ● (1758 m, 1 ½ Std.). Vom Taubensteinsat- ☐

tel entweder direkt über den leicht felsigen Grat oder links auf besserem Weg auf den Rauhkopf (1691 m, 20 Min.). Links neben dem Kamm in einen Sattel hinab, durch eine Mulde wieder empor zur Schnittlauchalm und rechts aufs Tanzeck. Die Krönung ist dann der felsdurchsetzte Grat zur Aiplspitze (Trittsicherheit angenehm).
Einkehrmöglichkeiten: Taubenstein- und Rotwandhaus.

Sieben Berge im Wendelsteingebiet
Märchenlandschaft Jackelberg

Auch für kleine Kinder

Felsblockwildnis mit Moos und Wetterfichten · Gemsenrevier

Für alle interessant

Mahlzeit für Gipfelfresser – sieben Berge in zwei Stunden

Gewaltige Blöcke, teilweise aus schönem, hellem Fels, teilweise auch dick mit Moos überzogen, tiefe, geheimnisvolle Klüfte, und das alles zwischen alten Wetterfichten so versteckt, daß kaum ein Mensch sich dorthin verirrt – das ist der Jackelberg (1412 m), ein echtes Märchenreich. Wenn dort ein Kind nicht zum Kolumbus wird, dann gefallen ihm die Berge wohl überhaupt nicht. Auch der Gemsengipfel Wildalmjoch (1720 m) ist von dort nicht allzu weit entfernt. Er bietet sich als alpine Nachspeise an, nachdem alle Blöcke, Gufeln und Höhlen erforscht sind. Man kann im Wendelsteingebiet jedoch auch zum

Gipfelfressen antreten; wo lassen sich sonst schon sechs Gipfel in zwei Stunden erobern?!

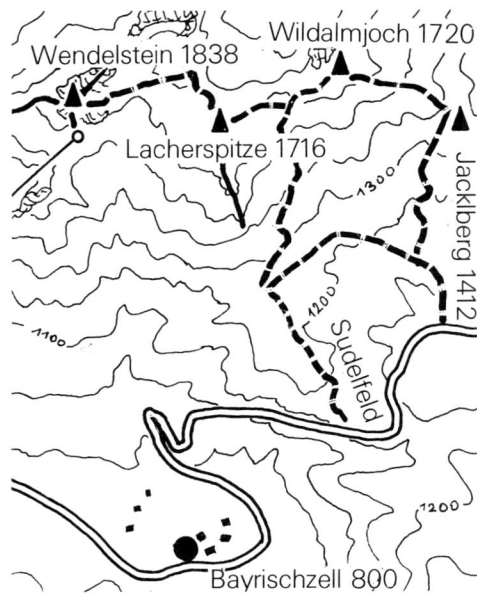

Ausgangspunkt: Bayrischzell (800 m) für die Sechsgipfeltour; die Sudelfeldstraße für Jackelberg und Wildalmjoch, Wegbeginn bei einem Parkplatz hinter einer Brücke (1040 m, 1,2 km östlich der Paßhöhe).
Nahziel und Spielplatz – Jackelbeg (1412 m, 1¼ Std.). Vom Parkplatz auf einem Sträßchen zur Schweinsteigeralm. Vor der ersten Hütte rechts ab und am linken Ufer des Baches ein paar Minuten empor, dann rechts über die Brücke und über Wiesen zu einer alleinstehenden Hütte. Der kleine, bewaldete Jackelberg steht nun genau vor einem. Über freie Flächen in den Sattel direkt links neben ihm und nach rechts zu den Gipfelblöcken, unserem Märchenspielplatz.

Stille Gipfeltour – Wildalmjoch ● (1720 m, ¾ Std. ab Jackelberg). Vom Sattel über den Rücken erst im Wald, dann über Gras nach Norden Richtung Kaserwand. Auf kleinem Steig links unter den Felsen hindurch und zum Gipfel. Abstieg zuerst nach Westen, dann an den Lacheralmen vorbei zurück zur Schweinsteigeralm.

Sechsgipfeltour – Wendelstein ● (1838 m) bis Wildalmjoch (1720 m, insgesamt ca. 3. Std.). Fahrt mit der Wendelsteinbahn und auf gebührenpflichtiger Promenade auf den Gipfel des Wendelsteins. Zurück zum Berghotel und hinab zur Zellerscharte. Kurz aufwärts in den Sattel zwischen Soinwand (1756 m) und Kesselspitze (1718 m) und auf beide Gipfel. Dann östlich unter den Felsen der Kesselspitze hinab in einen weiten Sattel und hinauf zur nahen Lacherspitze (1716 m). Kurz zurück, dann längs des Kammes auf die Seewand (1663 m) und das Wildalmjoch (1720 m). Abstieg über die Lacheralmen zum Sudelfeldsattel und mit dem Bus zurück nach Bayrischzell.

Einkehrmöglichkeiten: Berghotel am Wendelstein, Gasthäuser auf dem Sudelfeld.

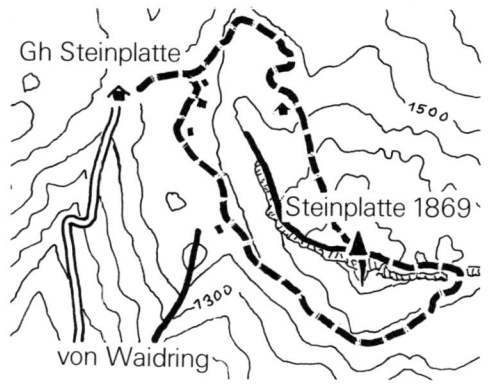

Molche und Karstfelsen
Steinplatte

Für alle interessant
Stiller, ganz abgelegener Pfad durch eine Voralpenlandschaft mit vielen Überraschungen · Tümpel mit Fröschen und Molchen · gewaltige Felsblöcke · eine lange Felsrinne mit Drahtseil

Nein, nein, auf dem üblichen Weg gehört die Steinplatte – Kammerköhrplatte sagen die Bayern – mit ihren Pisten-„Narben" bestimmt nicht zum Empfehlenswerten. Doch es gibt ein wenig bekanntes Wegerl in den völlig unberührten Südhängen, das ein ganzes Potpourri von malerischen Einzelszenen serviert, bei denen ein geschickter Unterhalter seine Kinder in Laune und Spannung halten kann – trotz der etwas langgezogenen Route. Da gibt es Tümpel mit einem erstaunlich reichen Leben von Wasserläufern bis zu Molchen und Fröschen (man muß nur genau genug hinschauen), kleinräumiges Karstgelände, Felsblöcke zum Herumklettern. Eine lange Felsrinne mit Drahtseil bietet schöne Kraxelei, und von Vorsprüngen kann man später dann über die senkrechten Südwände hinablugen – ein besonderer Kitzel. Und die Erwachsenen begeistert natürlich der hindernislose Blick nach Süden ins Tal hinab und auf die gewaltigen Loferer Steinberge gleich gegenüber.

Ausgangspunkt: Von Waidring (778 m, zwischen Lofer und St. Johann in Tirol) auf Mautstraße zum Gh Steinplatte (1374 m).

Der stille Anstieg – Steinplatte von Süden (1869 m, 2 ½ Std.). Auf der Straße nach Osten zur malerischen Stallenalm. Nun rechts über kleine Böden mit Tümpeln, Lichtungen, Karsttälchen, dann quer durch steile Hänge unter den glatten Wänden ein gutes Stück nach Südosten. Zwischen Blöcken zur Felsmauer hinauf. Durch eine lange Rinne mit Drahtseil zur Hochfläche und in dem welligen Karstgelände zum Gipfel. Rückweg: Nach Norden zum Gh Kammerköhr, dann links auf der Straße durch die Hänge zurück zur Stallenalm.

Einkehrmöglichkeiten: Berggasthöfe Steinplatte und Kammerköhr.

Der Hahnenkamm über dem Chiemsee
Kletterberg Kampenwand

Interessant für alle

Ein kleinräumiges Felsreich von überraschender Vielgestaltigkeit, Kletterfelsen jeder Größe · Aufstieg zu einem gewaltigen Gipfelkreuz

Für sehr Geschickte

Erkletterung des Hauptgipfels

So wie man den Wilden Kaiser als Mustergebirge Tirols bezeichnen kann, so ist die Kampenwand der „Allroundberg" Deutschlands, ein Supergipfel in Kleinausgabe. Inmitten der behäbigen Voralpenberge fällt diese Zackenkrone doppelt ins Auge. Vom Spaziergang bis zur Extrem-Kletterei wird hier alles unmittelbar nebeneinander geboten. Der

Das Foto zeigt die typische Landschaft der bayerischen Voralpen. Vater und der zukünftige „Hermann Buhl" sind schon fast bis zur Waldgrenze hinaufgestiegen.

scheinbar so schmale Felskamm ist im östlichen Teil tief gespalten, und so entstanden die Kaisersäle, eine Felsschlucht mit breitem, von Trümmern bedecktem Boden, ein einmaliger Tummelplatz von romantischem Charakter. Hier kann man wirklich das Klettern probieren. Es bieten sich Möglichkeiten vom einen Meter hohen Block über den harmlosen, drahtseilversicherten Anstieg zum Ostgipfel mit seinem mächtigen Kreuz bis zum Felsgrat von der Schlechingerscharte auf den Hauptgipfel im Schwierigkeitsgrad II+, wo man den Nachwuchs natürlich ans Seil binden müßte. Und wer ein wenig Stille sucht, den lädt die Gedererwand, ein Felskastell mit Latschen und Waldmantel, zu einem „Seitensprung" ein.

Ausgangspunkt: Hohenaschau (610 m) im Chiemgau, Autobahnausfahrt Frasdorf. Talstation der Bahn beim Schloß.

Der Allroundberg und seine Möglichkeiten – Kampenwand (1668 m, ¾ Std.). Von der Bergstation der Bahn auf

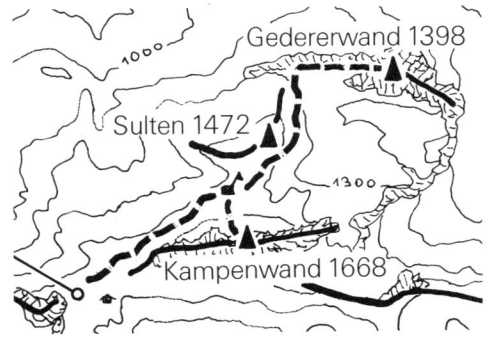

breitem Weg nach Osten. Das isoliert aufragende Felstürmchen Staffelstein gleich links des Weges kann man in wenigen Minuten durch die Schrofenrinne leicht erklettern. Weiter zur Steinlingalm und steil über den Hang und im Geröll zu den Felsen, wo sich als besonders eindrucksvoller Felskessel die Kaisersäle öffnen. Links durch die Schlucht und über ein paar harmlose Felsen auf den Ostgipfel (Kreuz). Oder nach rechts durch das Schneeloch, eine waagrechte, schneegefüllte Schlucht, zur Schlechingerscharte und evtl. auf den Hauptgipfel (II+).

Der stille Berg – Gedererwand (1339 m, 1 Std. ab Steinlingalm). Von der Alm rechts um den Grasberg Sulten in den folgenden Sattel. Nun auf Steigspuren nach Norden auf den breiten Rücken der Gedererwand, die steil nach Norden abbricht, und zwischen Latschen und Heidelbeersträuchern noch ein gutes Stück nach rechts zum Gipfel.

Einkehrmöglichkeit: Steinlingalm (1450 m).

In den Kaisersälen an der Kampenwand, Aufstieg zum Ostgipfel. In diesem Gelände bräuchte man noch kein Seil, auch ist diese Art von Kinder-Seilschaft nicht unbedingt empfehlenswert.

Hoch über Berchtesgaden
Kehlstein und Hoher Göll

Auch für kleine Kinder

Blockwildnis als geheimnisvoller Spielplatz

Macht den Geschickten Spaß

Versicherter Steig längs der Mannlköpfe · Abstieg über die gebänderte Nordflanke zum Purtschellerhaus

Das Gebiet Kehlstein – Hoher Göll eignet sich für einen mühelosen Ausflug auch für die Kleinsten und bietet gleichzeitig eine anspruchsvolle Bergtour. Schon die Busfahrt auf der Kehlsteinstraße, eine kühne Anlage mit fünf Tunneln in einem steilen Felsgelände, sorgt

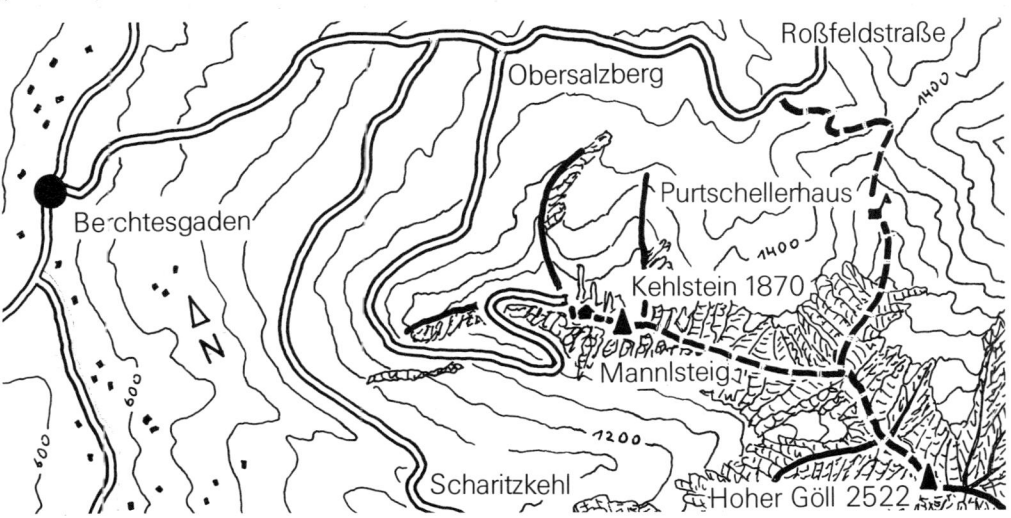

für Spannung. Und die Blockwildnis östlich des höchsten Gipfels, zu der man auf ganz bequemer Promenade wandert, ist ein richtiger Abenteuerspielplatz. Von dort zieht der Mannl-Steig nach Osten, ein Kletterweg mit Drahtseilen und Stiften, der ein paar auffallend glatte Platten quert. Oberhalb der Mannlscharte führt er noch durch eine Felsschlucht, anschließend geht das Gelände dann – leider – in Gras- und Schutthänge über. Grandios ist der Blick vom hohen First des Gölls, zweitausend Meter tiefer breiten sich das Tal der Salzach und die Mozartstadt Salzburg aus. Viel Spaß macht dann wieder der Abstieg (einfacher als der Aufstieg) mit seinen versicherten Kletterstellen und der bizarren Felslandschaft mit Wänden, Bändern, Türmen und schmalen Scharten.

Ausgangspunkt: Von Berchtesgaden (571 m) mit dem Pkw zum Obersalzberg (900 m, großer Parkplatz) östlich hoch über dem Ort.
Nahziel – Blockwildnis beim Kehlstein (1840 m, ½ Std.). Vom Obersalzberg mit dem Bus zum Ende der Kehlsteinstraße. Rasch empor zum Kehlsteinhaus (ehemals Teehaus Hitlers) und auf bequemem Weg auf den Kehlstein (1870 m) und drüben nur wenig abwärts zur Blockwildnis.
Versicherter Weg – Mannlsteig zum Hohen Göll (2522 m, 3 Std. ab Kehlstein). Wie oben zur Blockwildnis, dann quer durch die Flanken der Mannlköpfe auf dem gut gesicherten Steig mittlerer Schwierigkeiten in die Mannlscharte und über eine Felsstufe empor weiter zu den Gölleiten und über den steinigen

Interessante Passage am Mannlsteig vom Kehlstein zum Hohen Göll in den Berchtesgadener Alpen.

82

Rücken auf den Gipfel des Hohen Göll. Abstieg auf dem Schustersteig erst durch die gebänderte Felsflanke (Versicherungen), dann längs des Grates zum Purtschellerhaus (1692 m, DAV). Weiter in den Eckersattel und links hinab zur Roßfeldstraße und zur Bushaltestelle.

Einkehrmöglichkeiten: Kehlsteinhaus und Purtschellerhaus.

Kein Ausflug für Kinder?
Die Watzmann-Ostwand

Auch für kleine Kinder

Im Motorboot über den Königssee · ein großes Erlebnis – durch ein urwüchsiges Tal zum Fuß der gewaltigsten Ostalpenwand

Macht den Geschickten Spaß

Ein versicherter Steig scheinbar senkrecht über dem Wasser

Der Königssee ist der strengste und eindrucksvollste unter den Bergseen Bayerns. Am Nordufer fallen die Felswände unmittelbar ins Wasser ab, und deshalb läßt sich St. Bartholomä mit seiner eigentümlichen, so viel fotografierten Kapelle nur mit dem Motorboot erreichen. Das kann allerdings an schönen Sommertagen zur Geduldsprobe werden, herrscht am Königssee doch oft ein schon fast lästiger Trubel. Die Kindertour „Watzmann-Ostwand" ist zudem kein Scherz, es soll nämlich ein Ausflug zu ihr und natürlich keine Durchkletterung werden. In einer Stunde wandert man auf einem Steigerl durch den scharf eingeschnittenen Eisgraben an den Fuß der mit 1700 m höchsten Wand der Ostalpen. Man kommt in einen weltabgeschiedenen Winkel von beeindruckender Urtümlichkeit und Wildheit. Auf drei Seiten steigen die Wände unendlich hoch empor und zwar nicht als glatte Mauern, sie sind regellos zerklüftet, in Grate, Rippen und Schluchten zergliedert. Erst aus dieser Perspektive erkennt man den wahren Charakter dieser Wand, die aus der Entfernung so geschlossen und kompakt wirkt. An den Wandfuß schmiegt sich ein schmutziges, von Steinen übersätes Gletscherchen, die Eiskapelle; die aus der Wand herabdonnernden Lawinen haben es aufgeschüttet.

Man kann von St. Bartholomä aus auch

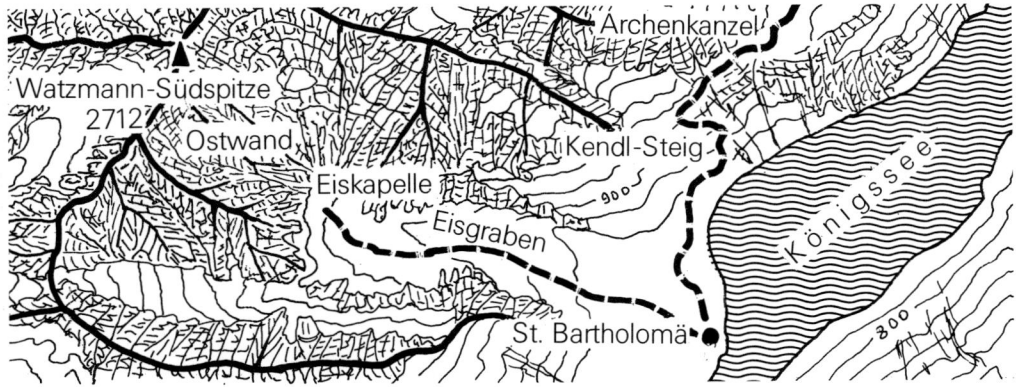

Bild der vorangegangenen Seite: Ein Besuch der Eisriesenwelt gehört zu den eindrucksvollen Erlebnissen. 1000 m über dem Tal liegt diese Höhle in den Steilabstürzen des Tennengebirges. Sie begrüßt den Besucher mit einem Riesenportal von 20 m Höhe. Eine Führung durch die glitzernde, wahrlich märchenhafte Unterwelt dauert etwa eineinhalb Stunden. Warme Kleidung nicht vergessen!

auf dem teilweise gesicherten Rinn-Kendl-Steig zum Superaussichtspunkt Archenkanzel hinaufklettern, ein völlig andersgearteter, aber ebenfalls ungewöhnlicher Weg. Man bleibt nämlich stets – scheinbar senkrecht – über der tiefblauen Fläche des Königssees.

Ausgangspunkt: Königssee (605 m), Ferienort 4 km südlich von Berchtesgaden, Großparkplatz am Südende des Ortes.
Nahziel – Eiskapelle (900 m, 1 Std.). Mit dem Motorboot über den See nach St. Bartholomä. Fußweg genau nach Westen in den Eisgraben und immer südlich über dem Bach in den düster eindrucksvollen Talwinkel am Wandfuß. Vorsicht – gefährliche Klüfte und Löcher im Gletscher!
Gesicherter Steig – Archenkanzel (1350 m, 2¼ Std.). Von St. Bartholomä nach Nordwesten und über die stets sehr steilen Hänge (Sicherungen, Trittsicherheit notwendig) zur Archenkanzel. Nun flach durch Wald zur Kühroint (1420 m) und weiter meist durch Wald an der Klingeralm vorbei direkt nach Königssee hinab (2 Std. Abstieg).
Einkehrmöglichkeiten: Gasthaus in St. Bartholomä und Berggasthaus in der Kühroint.

Höhle, Klammen, Wasserfall
Wasser im Tal der Salzach

Auch für kleine Kinder

Ein märchenhafter Wasserfall mit Felstor und Quelle · eine Klamm mit Riesenblöcken · die größte Eishöhle der Welt

Macht den Geschickten Spaß

Spannender, versicherter Steig mit eindrucksvollem Tiefblick

Der schmucke Markt Golling liegt ganze 481 m hoch und bietet sich doch für einen mehrtägigen Aufenthalt an. Die Umgebung ist reich an ganz besonderen Leckerbissen, womit weder Salzburger Nockerl noch Topfenstrudel gemeint sind, sondern Wasserfälle, Klammen, Höhlen und Berge. Da gibt es zum Beispiel den Gollinger Wasserfall. Er bildet zwei Kaskaden übereinander, und dazwischen überspannt ein richtiger Felsbogen den Bach. Diese Szenerie könnte das Bühnenbild einer romantischen Oper sein. Auch die sogenannten Salzachöfen fallen ganz aus dem üblichen Rahmen. Das ist nicht die typische Klamm im Kalkfels mit senkrechten Seitenwänden. Wegen der schrägen Felsschichtung haben sich Riesenblöcke aus den Wänden gelöst und sich dann mitten in der Schlucht verkeilt; sie schaffen eine düstergeheimnisvolle Zyklopen-Unterwelt. Und die Höhle „Eisriesenwelt" mit ihren glitzernden Hallen und den erstarrten Wasserfällen könnte gut das Schloß der Schneekönigin aus Andersens Märchen sein. Es handelt sich um die größte Eishöhle der Welt; Gänge von mehr als 40 km Länge wurden schon erforscht. Auch auf den Bergsteiger wartet hier etwas Besonderes. Er kann auf dem gut gesicherten Steig von der Höhle zum Hochkogel (2282 m), einem echten Lug-ins-Land 1700 m sehr steil über der Salzach, hinaufkraxeln, ein Weg voll Spannung und Abwechslung.

Ausgangspunkt: Golling (481 m) im Salzachtal, 30 km südlich von Salzburg.

Gollinger Wasserfall (20 Min.). Noch ⬤ mit dem Auto über die Salzach und quer über den Talboden zum Torrener Hof. Nun zu Fuß auf bequemem Weg zum Wasserfall und links empor zu seinem Oberende, wo der Bach als stille Quelle unter den Felsen hervorströmt.

Salzachöfen (10 Min.). Auf der Bundes- ⬤ straße von Golling zum Paß Lueg, Parkplatz. Hinab zum Fluß, gute Steiganlage zwischen den Riesenblöcken über der sehr wasserreichen Salzach.

Eisriesenwelt (30 Min.). Von Golling auf ⬤ der Autobahn nach Werfen, das von der ⬤ mächtigen, malerischen Feste Hohenwerfen überragt wird. Autobahnaus-

fahrt. Östlich der Salzach bleibend an den Tennengebirgshängen empor zum Parkplatz. Kurze Wanderung, dann Seilbahnfahrt zum Oedlhaus (1575 m). Von dort in 15 Min. zum Eingang der Schauhöhle.

VersicherterSteig – Hochkogel(2282m, 2¼ Std.). Abzweigung des Steiges zwischen Oedlhaus und Höhle. Sehr steil zur Hochkogeltief (Trittsicherheit notwendig) und nach links über die Hochfläche zum Gipfel. 🔳

Weitere Möglichkeiten bei Golling: ◗ Lammeröfen, schöne Klamm, etwa 8 km östlich Richtung Abtenau. 3 km weiter die wenig bekannte Aubachklamm mit Wasserfall, wo die steilstehenden Felsschichten quer durchschnitten sind. Außerdem gibt es auf den Höhen östlich über Kuchl und Hallein manche weit emporführende Straße, von der aus man einige Voralpengipfel wie den Trattberg (1758 m) mühelos besteigen kann.

Berge, Sensation und Trubel

König Dachstein

Auch für kleine Kinder

Seilbahnfahrt im Bereich senkrechter Wände · ein besonderes Erlebnis – Schnee und Gletscher im Sommer

Macht den Geschickten Spaß

Versicherter Steig zu einem der bekanntesten Alpenberge

Ein Ausflug von der Ramsau zum Dachstein bedeutet zweierlei: Größe, aufregendes Bergerlebnis, aber auch Trubel,

Am Einstieg zum Randkluftweg am Hohen Dachstein. Die sehr steil emporführende Route ist nur mittelmäßig versichert. Der sogenannte Felsenweg läßt sich etwas einfacher begehen.

Technik und Nepp. Die meisten Kinder bestaunen das Schauspiel Dachstein, spüren aber doch recht gut, daß Bergwelt in diesem Gewand allenfalls eine seltene Ausnahme sein darf. Sie lernen aus dem negativen Beispiel! Aufregend ist schon die Fahrt mit der großen Seilbahn in unmittelbarer Nähe der steilen Hunerkogel-Südwand. Ein fast groteskes Schauspiel bietet dann der sommerliche Gletscher mit Loipen und Pisten, einem Ratrac als Sightseeing-Taxi (Gletscher-Rundfahrt) und den Ausflüglern im Schnee mit manchmal völlig unbrauchbaren Schuhen. Drei recht unterschiedliche Ziele bieten sich dort oben an. Eine reine Schneewanderung, bei der man den vom Sturm herausgefrästen, erstaunlich tiefen Kolk an den Dirndln – so heißen zwei Felsgipfel – bewundert, führt zur Dachsteinwarte mit einer an den Fels geschmiegten Hütte. Der Blick von dort in die 800 m hohe, sehr, sehr steile Südwand ist wirklich einmalig. Bergsteigerische Geschicklichkeit verlangt der weitere Aufstieg zum Dachsteingipfel, diesem Fastdreitausender. Die Route führt durch die gebänderte, steile, doch gut versicherte Nordflanke. Sehr viele Alpinisten sind dort unterwegs, und an den Engstellen kommt es zu regelrechten Verkehrsstauungen. Ungleich stiller ist's am Hohen Gjaidstein, einem auch für Kinder reizvollen Gipfel, von dem aus man in Ruhe das ameisenartige Gewimmel beobachten kann. Zudem schaut man von oben genau in die vielen Spalten des Hallstätter Gletschers.

Ausgangspunkt: Ramsau (1135 m), Ferienort auf einer Terrasse über dem Tal der Enns bei Schladming. Vom westlichen Ortsende Mautstraße zur Dachstein-Seilbahn.

Der Gletscherausflug – Dachsteinwarte (2739 m, ¾ Std.). Bahnfahrt auf den Hunerkogel (2694 m). Dann – immer auf der Ratracspur bleibend – nördlich um die Dirndl im Schnee zur Dachsteinwarte mit Hütte.

Anspruchsvoller Gipfel – Hoher Dachstein (2995 m, von der Dachsteinwarte 1¼ Std.). Von der Warte über Schnee hinüber zu einem Felssporn und auf dem mittelschweren Klettersteig durch die eindrucksvolle, 250 m hohe Flanke auf den schmalen Gipfel.

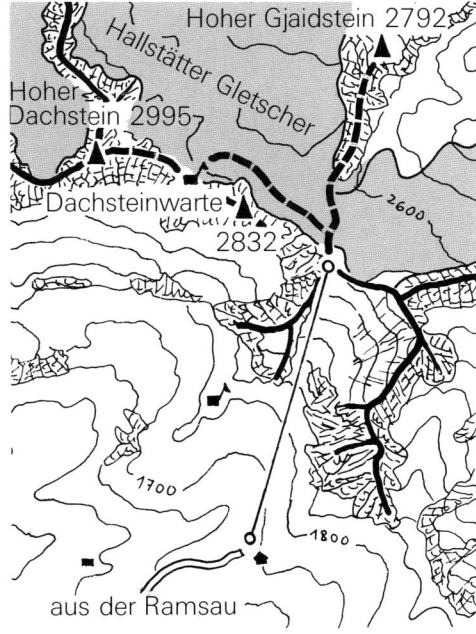

aus der Ramsau

Zurück auf gleicher Route oder – gefährlicher – über die Randkluft.

Stiller Berg – Hoher Gjaidstein (2794 m, 1¼ Std.). Vom Hunerkogel nach Norden über Schnee zum nahen Gjaidsteinsattel (2646 m). Auf einem Steiglein längs des breiten Rückens zum Kleinen Gjaidstein (2735 m) und weiter auf dem nun etwas schmäleren Grat über einfache Felsstellen zum Hauptgipfel.

Einkehrmöglichkeiten: Bergstation Hunerkogel und Dachsteinwartehütte.

Steile Tour zu den Sonnsteinen
Senkrecht über dem Traunsee

Interessant für alle

Kraxelweg zu zwei Aussichtskanzeln ganz steil über dem schönsten See des Salzkammergutes · Schiffahrt

Ganze 422 m hoch liegt der Traunsee im Salzkammergut, und trotzdem zeigt er ein ausgesprochen alpines Aussehen. Die Gipfel wie der Traunstein (1691 m) fallen mit Wänden direkt ins Wasser ab. Auch die beiden Sonnsteine drängen so gegen den See vor, daß die Bahn in einem langen Tunnel verschwinden muß. Großartig ist der unmittelbare Tiefblick auf die oft intensiv blaue Wasserfläche, wenn auch das Wort „senkrecht" natürlich übertrieben ist. Die Überschreitung läßt sich zu einem recht „bunten" Unternehmen aus-

bauen, wenn man den Rückweg per Schiff nimmt und zudem einen Blick in die Traunkirchner Pfarrkirche mit der berühmten Fischerkanzel, einem Schnitzwerk von 1753, wirft.

Ausgangspunkt: Ebensee (430 m) am Südzipfel des Traunsees, Wegbeginn bei der Pfarrkirche.

Die Überschreitung – Ebenseer Sonnstein (1038 m, 1 ½ Std.). Nach Norden zum Waldrand. Ganz steil und unmittelbar empor; ein spannendes Kraxeln für die Kinder. Die besondere Attraktion im Gipfelbereich: ein angeseilter Felsturm, seine Trümmer sollen nicht auf Straße und Bahn stürzen. Sehr steiler Abstieg auf ganz kleinem Pfad und hinüber zum Traunkirchner Sonnstein (923 m, Gipfelhüttchen). Auf

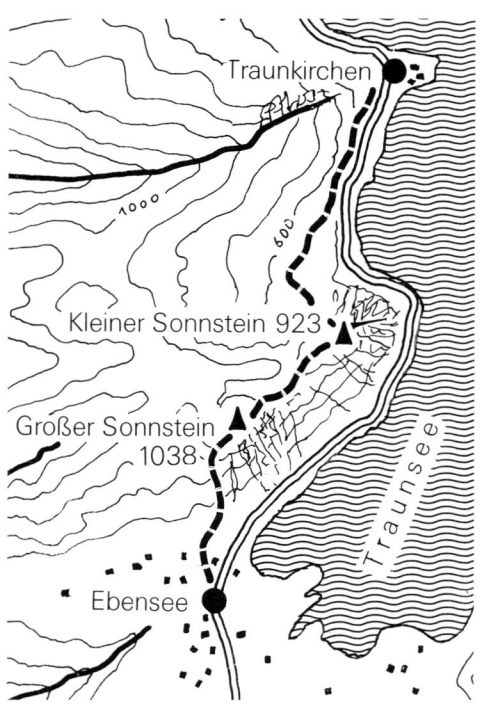

wesentlich größerem Weg nach Norden hinab zum Traunsee und noch gut 1 km am Ufer entlang nach Traunkirchen, das sehr malerisch auf einer Landzunge liegt. Gut 1½ Std. ab Ebenseer Sonnstein. Mit dem Schiff (oder der Bahn) zurück nach Ebensee.

Das Sonnstein-Kuriosum − der angeseilte Felsturm. Hier sind die Abhänge so steil, daß bei einem Auseinanderbrechen die Felstrümmer auf die Uferstraße stürzen würden. In der Tiefe der Traunsee, hinten Traunstein und Erlakogel.

Eckpfeiler des Toten Gebirges
Wurzeralm und Warscheneck

Auch für kleine Kinder

Fahrt mit der Standseilbahn · Karstmulden mit Riesenfelstafeln, Kletterwänden und Schachthöhlen

Macht den Geschickten Spaß

Gut gesicherte „Felstreppe" auf einen mächtigen Berg · Kletterei an einem unbekannten Gipfel

So lieben die Kinder von den Dreijährigen an die Berge, und so begeistern sie den Erwachsenen, der noch für Schönes und Ungewöhnliches empfänglich ist. Für das erste Erlebnis bei diesem Ausflug sorgt die Standseilbahn zur Wurzeralm. Nach einem gemütlichen Bummel über weite Böden trägt einen der Sessellift zur Ausmündung des Frauenkars. Wenige Minuten oberhalb beginnt dann eine Bilderbuchlandschaft mit allen Erscheinungen des Karst, mit riesigen, flachen Felstafeln,

91

Wändchen von wenigen Metern Höhe als Klettergarten, geheimnisvollen Dolinen und am Rameschsattel mit üppigen grünen und wohlig weichen Rasensesseln. Also, das Frauenkar lädt zum Bummeln, Kraxeln, Erforschen, Faulenzen ein, während der „Streifenberg" Warscheneck mit seiner ins Auge fallenden, waagrechten Felsschichtung für eine rasche Gipfeltour nicht idealer sein könnte. Über den Südwestgrat führt ein gut gesicherter Steig, der zwar Trittsicherheit erfordert, aber keine echten Schwierigkeiten birgt. Die kleinen Felsstufen sorgen für jenen Kitzel, wie ihn Bergsteiger und unternehmungslustige Kinder lieben. Und der Individualist, der ein ganz klein wenig vom Klettern versteht, den lockt zusätzlich der Ramesch, das auffallende Felskastell zu Füßen des Warschenecks.

Ausgangspunkt: Die Talstation (807 m) der Standseilbahn liegt an der Pyhrpaßstraße zwischen Spital und Liezen (Oberösterreich).
Nahziel – Frauenkar (1900 m, ¼ Std.). Fahrt mit der Standseilbahn zur Wurzeralm, dann flache Wanderung von 20 Min. talein zum Frauenkar-

Karren nennt man diese Verwitterungsform im Karstgelände.

Doppelsessellift. Von der Bergstation (1863 m) in wenigen Minuten ins vollständig verkarstete Frauenkar. Beliebig durch die Mulde und über einen steinigen Hang in die Frauenscharte (1990 m) zwischen Ramesch und Warscheneck.
Kletterberg – Ramesch (2119 m, ½ Std. ab Frauenscharte). Gegen die Felsen empor, dann Rechtsquerung auf einem Grasband in die Südflanke und durch eine Rinne auf den Gipfel (kein Weg, Schwierigkeitsgrad I+, brüchiger Fels).
Versicherter Steig – Warscheneck (2388 m, 2 Std.). Von der Bergstation des Liftes auf dem Steig eben nach Süden um den Felsfuß, dann steil empor zum Grat. Über Gras, später über kleine, gut gesicherte Felsstufen auf der ausgeprägten Schneide zum Gipfel. Ganz rascher Abstieg auf der gleichen Route oder sehr viel weiter über die Karstflächen am Toten Mann vorbei und steil hinab zum Brunnsteinsee und zur Wurzeralm.
Einkehrmöglichkeiten: Nur auf der Wurzeralm.

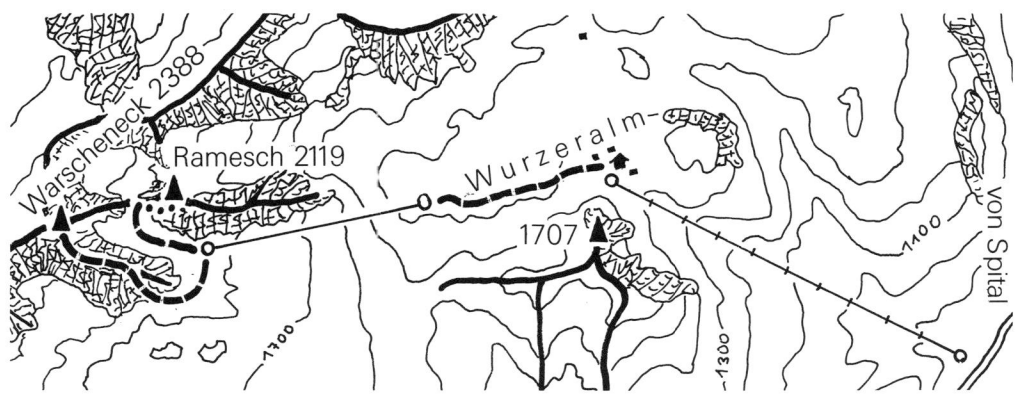

Der versicherte Steig im Wald
Wasserfallweg im Gesäuse

Für alle interessant

**Staubfall über hohe Felswände ·
reizvoll-spannender, teilweise
gesicherter Steig über
eine bewaldete Felsflanke**

Etwas Ausdauer nötig

**Weiterweg zu einer
Alpenvereinshütte**

Immer ist es der Fels, der eine Berglandschaft interessant und malerisch
erscheinen läßt, etwa durch den Anblick
der bizarren Formen oder auch durch
das Turnen und Klettern über Blöcke
und kleine Stufen. Felsen sind es auch,
die das ja so niedrig gelegene Gesäuse
zu einer ganz ungewöhnlichen Tallandschaft gestalten, die Felsabbrüche von

Himbeerstein und Haindlmauer, die als
eindrucksvolle Kulissen gegen die Enns
vorspringen, und die bis zu 800 m hohen, hellen Kalkwände der Hochtor-
gruppe, dieses Dorado für Kletterer.
Auch unser Ausflug wird erst an den gewaltigen Wandabbrüchen – hier mitten
in der Waldregion – interessant. Ein
Wasserfall staubt vom hohen Fels herab, die blauen Sterne der Alpenrebe
(Clematis) hängen an Bäumen und
Steinen, und gelbe Veilchen wachsen,
man mag es gar nicht glauben, selbst in
überhängenden Felsrissen. Der Unternehmungslustige wird durch den „Fels-
wald" rechts des Wasserfalles weiter
aufsteigen. Das Wegerl windet sich zwi-
chen den senkrechten Stellen hin-

*Das Zweiblütige Veilchen ist eine erstaun-
liche Pflanze, man findet es sogar in überhängenden Felsritzen.*

durch, und doch muß man immer wieder mit Hilfe der Drahtseile und mehrerer Leitern die Steilstufen überlisten. Imposant sind dabei die Tiefblicke von den vorspringenden Felskanzeln.

Ausgangspunkt: Parkplatz bei der Kummerbrücke (572 m) im Gesäuse zwischen Admont und Hieflau.
Nahziel – der Wasserfall (893 m, knapp 1 Std.). Auf dem Fußweg erst ein Stück nach Westen, dann durch Hochwald aufwärts an den Fuß des Wasserfalls in einem düster-eindrucksvollen Kessel.
Ein spannender Aufstieg – Wasserfallweg (1300 m, insgesamt 2 Std.). Trittsichere steigen rechts des Wasserfalls auf dem gut angelegten und immer wieder versicherten Weg im baumbestandenen Felsgelände über den hohen Abbruch empor. Das ist ein richtiger Abenteuer-Fels-Wald-Anstieg. Weiterweg über Böden (Gemsen) zur Heßhütte (1699 m, ÖAV, + 1 ½ Std.) möglich doch nicht mehr so interessant.

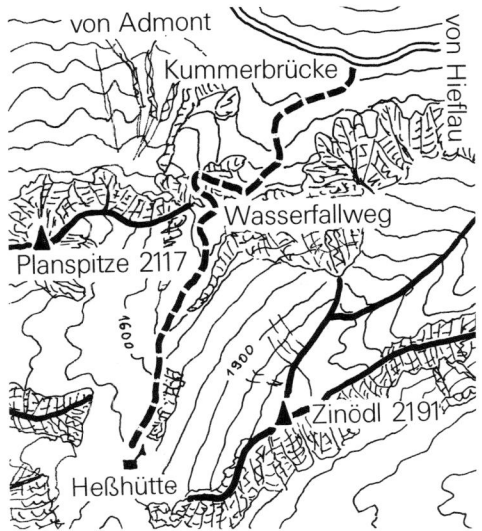

Seenplateau über Komperdell

Interessant für jeden

Mit Felsplatten, Graspolstern und vielen Blumen · schnell erreichbarer Hochgipfel

Macht den Geschickten Spaß

Aus mächtigen Felsblöcken zu einem großen Gipfel · Steig auf einen Dreitausender

Ein Plateau in 2600 m Höhe mit einem Dutzend Bergseen, Glockhauserseen genannt, gehört wahrlich auch nicht zum Alltäglichen. Man muß nicht allzu hoch steigen, um von der Liftstation auf dem Lazid dieses Ziel zu erreichen. Man überschreitet erst einen Gratrücken, quert dann auf einem ordentlichen Weg die teilweise steilen Hänge, um so zum Furglersee zu kommen. Es folgt noch eine etwas höhere Geländestufe, dann wird man so richtig eingestimmt: Es beginnt mit einem Wildbach zwischen Gras und Felsen, man trifft auf ein erstes Seelein, die Wasserflächen werden größer, bis man schließlich den 250 m breiten Blankasee als Ziel erreicht. Und hier stehen auch Gipfel für jeden Geschmack bereit, etwa die harmlose Glockspitze (2846 m) oder der Kübelgrubenkopf (2870 m) mit seiner Westgratrampe aus gewaltigen Blöcken, ein richtiger Abenteueraufstieg. Und auch das Zauberwort „Dreitausender" lockt. Nur gute zwei Stunden wären es zum Furgler (3004 m) mit seinem direkten Aufstieg durch die Südflanke. Auch hier kommt man an einem See vorbei – in 2780 m Höhe!

Ausgangspunkt: Serfaus (1429 m) auf einer Terrasse westlich über dem Inntal bei Prutz in Tirol. Bergbahn am hinteren Ortsende.

Nahziel – Blankasee (2600 m, 1¾ ●
Std.). Mit der Seilbahn nach Komperdell ○
und mit dem Lift auf den Lazidkopf (2346 m). Über den durch die Pisten verunstalteten Rücken in die Scheid (2429 m) und quer durch die Hänge zum Furglersee. Nach Norden durch ein Tälchen zu den Oberen Glockhäusern mit den Seen. Von hier später direkter Abstieg nach Komperdell.

Einfacher Gipfel – Glockspitze ●
(2846 m, ¾ Std.). Über steiniges Gelände evtl. auch Schnee auf dem Steig in die Glockscharte und links über Schutt auf den ganz nahen Gipfel.

Interessanter Blockgipfel – Kübelgrubenkopf (2870 m, 1 Std.). Ohne Weg von der Glockscharte nach Osten auf,

Der Gafierbach im schweizerischen Teil des Rätikons. Der rauschende Bach, die Felsblöcke, die Wiesenflecken geben ideale Kinderspielplätze.

später südlich unter dem Grat im Blockwerk zum höchsten Punkt.

Dreitausender mit Weg – Furgler ●
(3004 m, 2¼ Std.). Von der Scheid stets rasch aufwärts über die steilen Hänge in ein Hochtälchen. Nach links zum Tieftalsee und durch eine Hochmulde auf den Gipfel.

Einkehrmöglichkeiten: Nur auf Komperdell.

Im schweizerischen Rätikon
Im Tal von St. Antönien

Auch für kleine Kinder

Ein ideales Spielgelände: ein Wildbach, mächtige Felsblöcke, alte Hütten, weiche Matten . . .

Für alle interessant

Karstmulde und viele Höhlen

Etwas Ausdauer nötig

Ein großer Rätikongipfel

Prättigau heißt die Tallandschaft zwischen dem mittleren Rheintal bei Landquart und dem Skiort Davos. Bei Küblis zweigt nach Norden eine tief eingeschnittene Schlucht ab, die hinaufführt nach St. Antönien, einer jener typischen, auf den steilen Wiesen weitverstreuten Walsersiedlungen mit malerischen alten Höfen aus Holz. In den Bauernhäusern gibt es viele Ferienwohnungen, ein idealer und nicht zu teurer Unterschlupf für Familien mit Kindern.

Glockspitze 2846
Furgler 3004
Blankasee
Kübelgrubenkopf 2870
2300
Scheid
2400
Lazid
Kölner Haus

Langweilen wird sich niemand in diesem Tal der unbegrenzten Möglichkeiten. Gut zwanzig Gipfel bis zu 2826 m Höhe (Madrisahorn) gehören zum Tourengebiet. Aus der Fülle seien drei Anregungen herausgegriffen. Ein Dorado für Kinder bietet das untere Gafiertal gleich oberhalb von Litzirüti – welch herrlicher Name! – mit dem rauschenden Bach, den Blöcken bei Dörfji, dem Gasthaus Edelweiß, den Matten und Blumen. Für die Vorschläge zwei und drei kurvt man von St. Antönien noch hinauf nach Partnunstafel in immerhin 1770 m Höhe, das von einer grandiosen Felskulisse überragt wird. Partnunsee, die verkarstete Hochmulde Gruoben am Weg zur Tilisunahütte, und die Sulzfluhhöhlen locken die Schau- und Spiellustigen, während die Gipfelhungrigen die Sulzfluh, ein Felskastell mit glatten Wänden, erstürmen.

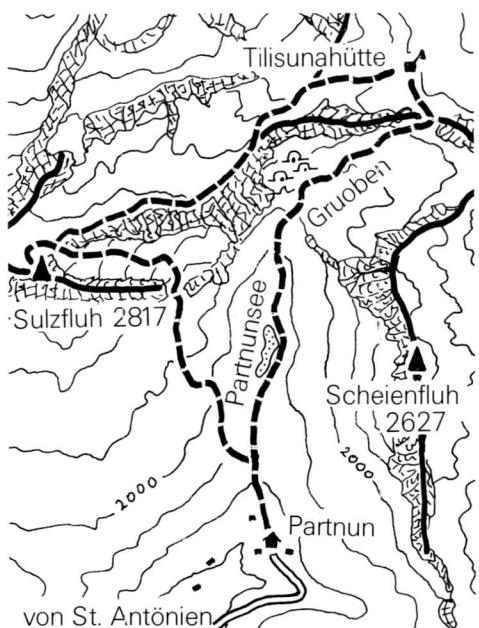

Die Sulzfluh über dem Gemstobel; oben rechts das Gipfelkreuz. Diese gewaltige Felsburg sieht aus dem Tal völlig unnahbar aus. Doch zwischen den Wänden versteckt sich ein verkarstetes Hochkar, das einen unschwierigen Anstieg erlaubt.

Ausgangspunkt: St. Antönien (1420 m), Zufahrt auf guter Straße von Küblis über Luzein und Pany.

Nahziel – Gafiertal (1750 m, ¾ Std.). Mit dem Auto nach St. Antönien Litzirüti und zu Fuß auf dem holperigen Fahrweg zum Dörfji und dann am linken Hang auf einem Fußweg zur Sunnistafel mit dem Gh Edelweiß.

Der besondere Ausflug – Karstmulde Gruoben und Sulzfluhhöhlen (2300 m, 1 ¾ Std.). Auf dem guten Sträßchen zur Partnunstafel. Nun zu Fuß auf dem breiten Weg zum nahen Partnunsee (1869 m) und weiter nach Norden in die Gruoben. Auf einem Steiglein links empor zur Seehöhle, Kirchhöhle und Abgrundhöhle, letztere ist ein senkrechter Schacht. In der Umgebung gibt es weitere, kleinere Höhlen (Taschenlampe mitnehmen).

Ein mächtiger Felsberg – Sulzfluh (2817 m, 3 Std.). Der Steig zur Sulzfluh zweigt dort nach Westen ab, wo der oben erwähnte breite Weg den Partnunbach erreicht. Über schöne Mähwiesen empor, dann nach rechts über Geröll und eine Stufe in das Hochkar Gemstobel. Über Schutt, Karst und Schnee auf den Gipfel. Rückweg auf gleicher Route oder über die Tilisunahütte (weiter).

Einkehrmöglichkeiten: Gasthaus Edelweiß und zwei Gasthöfe in Partnunstafel.

Bergparadies Oberengadin
Der See von Grevasalvas

Interessant für alle

Verschiedenartige, hochalpine Seen mit Matten und Gletscherschliffelsen · Steinbockrevier

Etwas Ausdauer nötig

Völlig einsame, weglose Tour auf einen Berg von Zugspitz-Höhe

Das Oberengadin ist ein Zauberland für Familien mit Kindern. Fünfzig lohnende Ziele ließen sich leicht aufzählen. Die ungewöhnlich hohe Lage – St. Moritz liegt etwa auf Wendelsteinhöhe –, die Paßstraßen und Bergbahnen sorgen für allergünstigste Ausgangspunkte. Und quartiert man sich etwas entfernt von den weltberühmten Zentren ein, dann findet man auch durchaus erschwingliche Ferienwohnungen. Ein besonderer Schmuck der Landschaft sind die zahllosen Bergseen. Einige von ihnen sollen auch das Ziel unserer Wanderung sein.

Der 600 m lange oft tiefblaue und von grünen Matten umrahmte Leg Grevasalvas (Leg=See) ist ein richtiges Schmuckstück. Nur ein Katzensprung vom altehrwürdigen Julierpaß, dem Pass dal Güglia der Rätoromanen, entfernt wird der Zugang auch für die Kleinen zu keiner Plage. Man sollte den

Leg Grevasalvas beim Julierpaß in den Albulabergen, dahinter Piz d'Emmat Dadora und links Piz d'Emmat Dadaint (2927 m). Ein schönes Kinderland dank der Bäche, Seen und Kletterfelsen.

Ausflug vielleicht noch in Richtung Piz d'Emmat Dadora ausdehnen. Dort gibt es einen weiteren, doch viel alpineren Kessel mit Bergseen, der mit (von den ehemaligen Gletschern rundgeschliffenen) Felsen dekoriert ist. Und seinen besonderen Reiz bekommt die Tour durch die Hoffnung, auf ein Steinbockrudel zu treffen. Zu unserem Gipfel mit dem klangvollen Namen Piz da las Coluonnas (= Säulenspitze, 2960 m) führt kein angelegter Weg; der Geschickte wird den Anstieg mit Hilfe unserer Beschreibung trotzdem leicht finden. Ein eindrucksvoller Berninablick ist der Lohn für die Mühe.

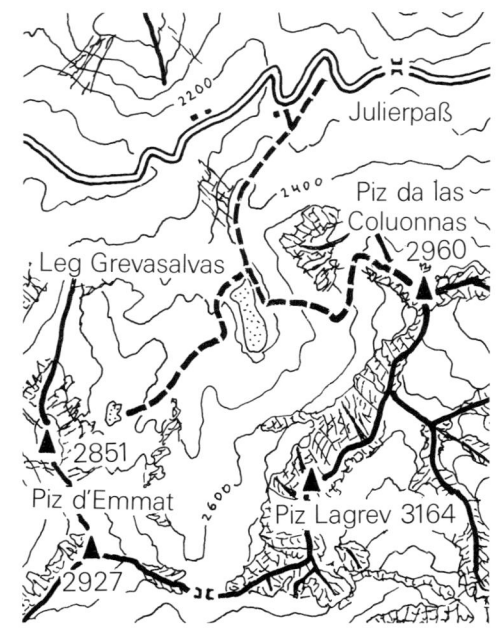

Ausgangspunkt: La Veduta (2233 m), 1 km westlich der Julier-Paßhöhe (Verbindung Oberengadin mit dem Oberhalbstein; Abzweigung der Straße aus dem Tal in Silvaplana).

Nahziel – Leg Grevasalvas (2390 m, ¾ Std.). Auf Steigspuren am rechten Rand einer breiten Abdachung zu Punkt 2449 und kurz hinab zum See. Möglicher Weiterweg: Über den Abfluß des Sees und auf dem deutlichen Steig erst zwischen Kuppen kurz aufwärts, dann an einer feuchten Wiese entlang zu deren Südende. Jetzt vom Weg nach rechts ab und pfadlos parallel zum Bach über eine Stufe in den Seenkessel (2505 m, 40 Min.) am Fuß des Piz d'Emmat Dadora, ein ideales Tummelfeld für Kinder.

Unbekannter Aussichtsberg – Piz da las Coluonnas (2960 m, 2 Std. ab Leg Grevasalvas). Vom Punkt 2449 Querung der steilen Hänge, bis man etwa oberhalb der Seemitte ist. Nun über eine kurze, steile Stufe gerade empor auf

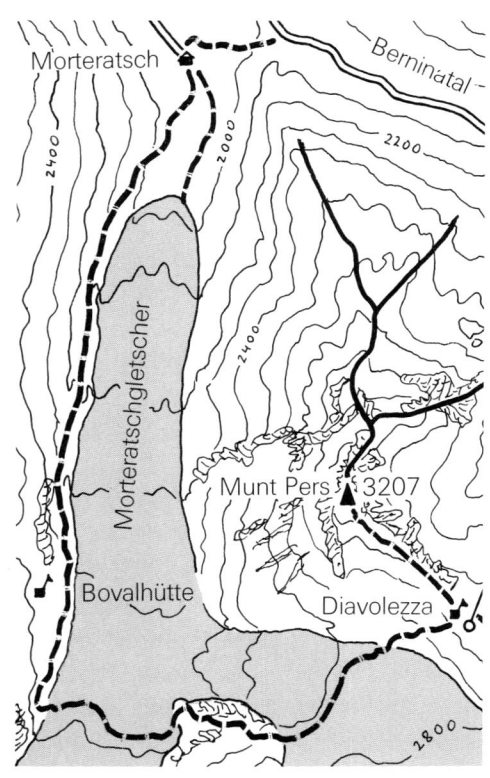

einen Rücken im Gelände. Auf ihm oder im Tälchen daneben nach Norden zu einem weiten Sattel im Hauptkamm. Über den breiten Grat und Geröll und Schnee nach Osten zum Gipfel. Weglos, doch keine Schwierigkeiten. **Einkehrmöglichkeit:** Keine.

Zu Füßen die Zunge des Morteratschgletschers, ein interessantes Ausflugsziel. Links die dunklen Abhänge des Munt Pers (3207 m), der sich mühelos von der Diavolezza (Bergbahn) aus besteigen läßt. Im Hintergrund die großen Eisgipfel der Berninagruppe (Piz Palü und Bella Vista, 3922 m).

Wasser, Felsen, Gletscher
Morteratsch und Berninabach

Auch für kleine Kinder

Herrliches Spielgelände mit vielen Felsen und einem schäumenden Wildbach · Ausflug zur Gletscherzunge

Macht den Geschickten Spaß

Das große Abenteuer: der Weg über einen richtigen Gletscher

Vom einstigen Gletscher rundgeschliffene Gneisfelsen mit ihrem festen Gestein ergeben die prächtigsten Klettergerüste, rauschende Bergbäche, die zwischen Blöcken hindurchdrängen, über kleine Stufen springen, beflügeln die Spielleidenschaft. Urgesteinslandschaften um die 2000 m als ideale Tummelfelder für Kinder gibt es an vielen Stellen, und doch ist das Morteratschgebiet in dieser Art einmalig. Die um 4000 m hohen Eisberge, vor allem der Piz Palü mit seinen Pfeilern und Hängegletschern als Kulisse imponieren selbst dem Nachwuchs – das ist schon ein faszinierendes Bild! Das obere Berninatal hat überhaupt eine besonders

Die Schaubachhütte in der Ortlergruppe, hinten die Königsspitze (3856 m) mit ihrer Nordwand, rechts der Monte Zebru.

große Vielfalt zu bieten: Gemütliche Ausflüge wie auf die Fels- und Aussichtskanzel Chünetta, oder zur Zunge des Morteratschgletschers mit seinem Gletschertor, wie man jene Höhlungen nennt, aus der der wasserreiche Bach unter dem Eis hervorströmt, einen „superschnellen" Dreitausender, den Munt Pers (3207 m), einen Aussichtsberg der Extraklasse hoch über den Eisströmen und unmittelbar vor den Riesenwänden von Piz Palü und Piz Bernina (4049 m), und einen besonders aufregenden Abstieg über die aperen, doch von Spalten zerfurchten Gletscher von Pers und Morteratsch. Dafür sind bestes Schuhwerk, einwandfreies Wetter, Trittsicherheit und Vernunft notwendige Voraussetzungen, und außerdem muß das Eis unbedingt schneefrei sein, nur so lassen sich die Spalten erkennen (an der Seilbahn erkundigen!). Noch ein Tip: Kinder empfinden eine Fahrt mit der Berninabahn nach Poschiavo dank der Kehren und Tunnel als ein ganz tolles Erlebnis.

Ausgangspunkt: Berninatal oberhalb von Pontresina (1805 m) im Engadin.
Nahziel – Berninabach (2000 m, 30 Min.). Mit dem Auto nach Morteratsch (1896 m). Ganz kurz auf der Straße zurück bis zum Berninabach, dann abenteuerlicher Aufstieg im felsdurchsetzten Wald längs des schäumenden Baches. Abstieg auf einem der beiden Wege.
Nahziel – Gletscherzunge (2000 m, 40 Min.). Von Morteratsch rechts des Ba-

ches in dem breiten Geröllbett talein bis zum Ende des Morteratschgletschers.
Der ganz nahe Dreitausender – Munt Pers (3207 m, ¾ Std.). Mit dem Auto ins obere Berninatal und mit der Seilbahn auf die Diavolezza (2973 m). Meist links knapp neben dem Grat im Geröll auf den Super-Aussichtsberg.
Der Abenteuer-Abstieg – Morteratschgletscher (3 Std.). Von der Diavolezza auf dem steilen Bergweg zum Persgletscher hinab. Quer über den Eisstrom, dabei zwischen einigen Spalten hindurch, und kurz empor auf die Isola Persa. Hinab zu dem Moränensee, kurz nach Süden, dann unbedingt quer (nicht nach rechts!) über das Eis des Morteratschgletschers zum anderen Ufer. Auf dem Steig unter den Bovalhütten hindurch weit talaus und über die Chünetta nach Morteratsch. Rückkehr zum Auto mit der Berninabahn.

Große Landschaft im Ortlergebiet
Tourenparadies Zaital

Interessant für alle

Ideal einer Urgesteinslandschaft mit Kletterfelsen, Wildbächen, Seen, Riesenblockfeldern und einer Hütte in herrlicher Lage

Macht den Geschickten Spaß

Dreitausender mit Steigen in jeder „Preislage"

Im Hochtal von Sulden lassen sich Familienurlaub und hochalpines Bergsteigen in einmaliger Weise verbinden. Welch gewaltige Eindrücke begleiten den Wanderer zum Beispiel auf dem

Weg vom Langen Stein (Lift) zur Hintergrathütte, wo er dem mit Schutt übersäten, so wilden Suldenferner vor sich und die berühmt-berüchtigte Königspitz-Nordwand über sich hat. Wo gibt es sonst so schnell erreichbare Hochgipfel wie etwa die Hintere Schöntaufspitze (3324 m, 2 Std. ab Seilbahn). Und das Zaital, auf dessen Schwelle die gut bewirtschaftete Düsseldorfer Hütte liegt, bietet eine ideale Familientour. Die Böden, Bäche und Blockfelder bald hinter der Hütte geben die allerschönsten Spielplätze. Sie werden zudem von einem Halbrund dunkler Gipfel überragt, die teilweise malerisch mit Gletschern verziert sind und wirklich mit Touren in

jeder „Preislage" aufwarten. Nur eine gute Stunde braucht man für das Hintere Schöneck (3128 m), die Aussichtsloge gegenüber der Ortler-Nordwand. Ein teilweise versicherter Steig führt auf die Tschenglser Hochwand (3373 m), die den Vintschgau um volle 2500 m überragt. Und der erfahrene Hochtourist wird sich den Hohen Angelus oder die Vertainspitze (3544 m) aussuchen.

Ausgangspunkt: Innersulden (1907 m) in Südtirol, Bergsteigerort am Fuß des Ortlers. Die Talstation des Kanzelliftes liegt an der obersten Straße.
Nahziel – Zaital (2750 m, 1 ¼ Std.). Von der Bergstation auf der Kanzel (2350 m) auf breitem Weg quer durch gewaltige Blockhalden, dann aufwärts zur Düsseldorfer Hütte (2727 m, auch Zaitalhütte). Gleich dahinter das Spiel-Schlaraffenland.
Gipfel für alle – Hinteres Schöneck (3128 m, 1 ¼ Std.). Von der Hütte auf kleinem Steig durch die Steilflanke zum Grat und nach Norden auf den Gipfel.
Versicherter Steig – Tschenglser Hochwand (3373 m, 2 ½ Std.). Über Blöcke und Moränenfelder nach Norden zur Wegverzweigung. Links zu den Felsen und über kurze Stufen mit einigen Versicherungen kurzweilig empor zum Hauptgrat und über Platten und Schnee noch ein gutes Stück zum Gipfel. Abstieg auf der rot markierten Route durch eine große Geröll(Schnee)rinne westlich des Anstiegsweges.
Einkehrmöglichkeit: Düsseldorfer Hütte.

Für Dreitausender braucht auch der Nachwuchs eine gute Ausrüstung.

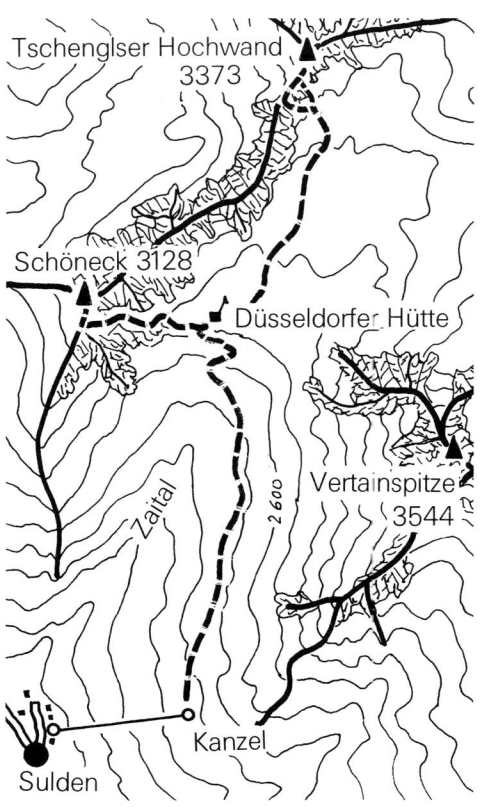

Abenteuer Dreitausender
Ritterschlag zum Bergsteiger

Auch für kleine Kinder

**Ganz stille, schöne Urgesteins-
landschaft in den Ötztaler Alpen
mit Wildbach, Felsen und Matten**

Macht den Geschickten Spaß

**Besteigung eines Dreitausenders
ohne Weg und Steg, nicht schwer,
doch aufregend**

Auch größere Kinder und Jugendliche
können für besondere, etwas feierliche
Erlebnisse sehr empfänglich sein.
„Heute machen wir das erste Mal zu-

sammen eine richtige, ernste Hochtour
auf einen Dreitausender. Wenn du dich
geschickt anstellst, wirst du dann zum
selbständigen Bergsteiger ernannt."
Ungleich eindrucksvoller wird diese
Tour, wenn man nicht inmitten einer lär-

menden Menge auf breit ausgetrete-
nem Steig unterwegs ist, sondern in die
Stille der Hochregion vordringt, zumindest am Gipfelaufbau seine eigene
Route sucht, über das grobe Blockwerk
turnt, in den unberührten Schnee seine
Stapfen zeichnet. Die Sorgfalt beim
Rucksackpacken, der Eispickel in der
Hand, der Aufbruch im ersten Morgen-
licht sorgen für Spannung und eine
ängstlich-hoffnungsvolle   Erwartung.
Und wie groß ist schließlich der Stolz
auf den Gipfelsieg.
Derartige Individualisten-Touren, bei denen man die Berge erst wirklich eindrucksvoll erlebt, erfordern natürlich ein
entsprechendes bergsteigerisches Können und die Fähigkeit, sich mit Hilfe einer – guten – Karte selbständig zu
orientieren. Auch an der Höhlenspitze
(3200 m) im Glockenturmkamm muß
man eine vernünftige Route durch diese zerborstenen Felshänge, die von
kleinen Firnbecken unterbrochen sind,
aufzuspüren verstehen. Der Boden des
Riffeltals mit seinem rauschenden
Bergbach ist außerdem auch ein wirklich schöner Hochgebirgsgarten für
kleinere Kinder.

Ausgangspunkt: Das Kaunertal ist ein
Nebental des Inntals oberhalb von
Landeck in Tirol. Auf einer Mautstraße
durch das gesamte Tal und am Ge-
patschsee entlang. Das Riffeltal ist das
erste große, weite Nebental, das die
Straße oberhalb des Haupttales in etwa
2300 m Höhe überquert.
Nahziel – Riffeltal (2450 m, ½ Std.). ○
Auf kleinem, markiertem Steig im Tal
längs des rauschenden Baches aufwärts zu schönen Böden.

Dreitausender ohne Weg – Höhlen-
spitze (3200 m, 2 ½ Std.). Auf dem
oben erwähnten Steig bis in 2800 m
Höhe. Nun genau nach Norden über
Gras, Gletscherschliffe, Geröll und
Schnee auf den Gipfel zu. Im oberen
Kar dann links auf eine Rippe und über
grobes Blockwerk auf den höchsten
Punkt. Ein wenig Kletterei im Schwierig-
keitsgrad I.
Einkehrmöglichkeit: Im Tourengebiet
keine.

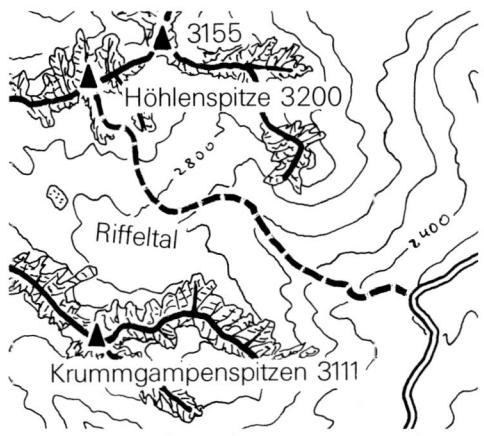

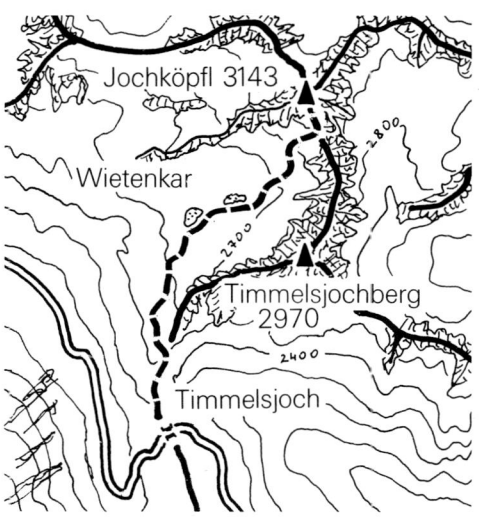

108

Ausflug in die Einsamkeit
Über dem Timmelsjoch

Interessant für alle

Karböden und Bergseen
in idyllischer Ruhe

Macht den Geschickten Spaß

Ohne Weg über Blockwerk,
Schnee und ein paar
Felsen auf einen
mächtigen Dreitausender

Auf das fast 2500 m hohe Timmelsjoch,
die Scheide zwischen den Ötztaler und
den Stubaier Alpen, führt von Gurgl aus
die reinste Prunkstraße, während die
Zufahrt aus dem Südtiroler Passeier auf
einer wildromantischen Trasse verläuft.
An schönen, warmen Sommertagen
sollten bergsteigende Familien die hohe Lage für einen Ausflug in die Einsamkeit nutzen. Diese Urgesteinslandschaft mit ihren saftig-grünen Matten,
den rundgeschliffenen Felsen, dem
Blockwerk, den verträumten Bergseen,
den Wildbächen könnte dafür nicht ge-
eigneter sein. Die Wietenkarseen mit
dem völlig freien Blick nach Westen laden zum Faulenzen und Träumen in ab-
soluter Stille ein und auch zum gemütlichen Warten, falls einige Familienmit-
glieder noch das Jochköpfl (3143 m) besteigen wollen. Diese Tour erfordert
schon etwas Bergerfahrung, vor allem
muß man sich selbst seine Route
suchen über Geröll, evtl. auch über
Schneeflecken und in dem Blockwerk
am Südgrat. Das ist ein unterhaltsames
Steigen – auch für alle geschickten
Kinder – zu einem sehr hohen Gipfel,
der nur selten betreten wird.

Ausgangspunkt: Vom Timmelsjoch (2474 m), gute Mautstraße von Untergurgl (Ötztal), anspruchsvolle Bergstraße von St. Leonhard im Passeier (Südtirol).

Nahziel – Wietenkarseen (2648 m, 50 Min.). Von der Paßhöhe (Grenze!) über den abgerundeten, flachen Kamm nach Norden bis an den Bergfuß. Nun links durch die niemals steile Flanke stets leicht steigend zu den Seen. Kein Weg.

Der Dreitausender – Jochköpfl (3143 m, 1 ½ Std. ab Seen). Das Jochköpfl ist der Gipfel im Nordosten. Beliebig durch das weite Kar über Gras, Felsplatten und zunehmend über Geröll in einem nach rechts ausholenden Bogen auf den Gipfel zu, bis man in dem letzten kleinen, manchmal schneebedeckten Boden unter den Felsen steht. Nun nach rechts auf den Grat hinaus und in netter Kletterei über das Blockwerk auf den Gipfel. Kein Weg, Trittsicherheit unbedingt notwendig.

Einkehrmöglichkeit: Keine.

Einfacher Gipfel oder Klettersteig
Im Reich der Kalkkögel

Für alle interessant

Nahegelegener Gipfel oder Hüttenausflug im Reich der bizarren Gipfel, Türme und Nadeln

Macht den Geschickten Spaß

Gut versicherter Steig in einer besonders zerklüfteten Felswildnis

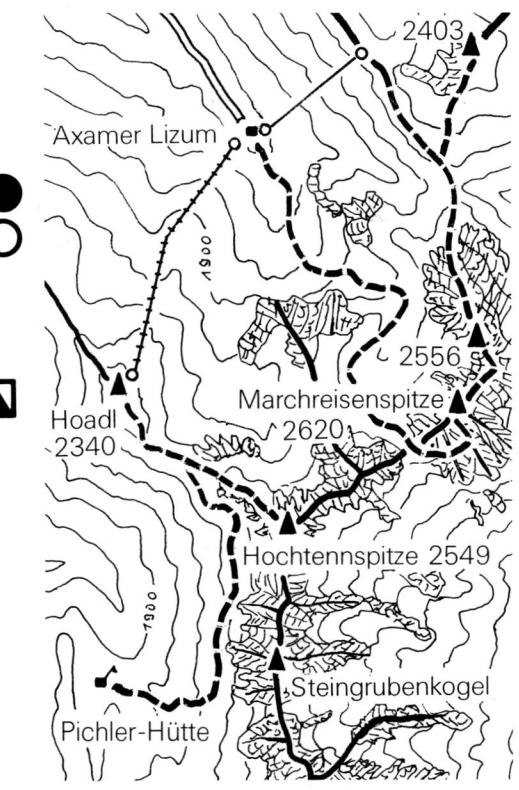

Auch berühmte Skistationen können recht nützlich für unser Familienbergsteigen sein. Die Bahnen über der Axamer Lizum ermöglichen einen raschen Zugang zur bizarren Felswelt der Kalkkögel. Das ungewöhnlich brüchige Gestein hat diese Zacken, Türme und Felsschluchten hervorgezaubert, und die Gipfel scheinen regelrecht im Geröll zu ertrinken. Das ist eine Welt so recht zum Schauen und Bestaunen. Man kann die Hochtennspitze (2549 m) auf einem rauhen, steinig-steilen Weglein erstürmen oder westlich auf Geröllfeldern unter all den Zacken, Türmen und Zinnen hindurchqueren und für eine gemütliche Jause zur Adolf-Pichler-Hütte absteigen. Doch die Rückkehr ist dann weiter, als es der Hinweg war. Alle geschickten Kinder so ab zwölf Jahren etwa und alle unternehmungslustigen Erwachsenen aber lockt der versicherte Weg mit dem tollen Namen „Lustige-Bergler-Steig" über den Ampferstein zur Marchreisenspitze (2620 m). Er gehört natürlich schon zu den vollwertigen Bergtouren, doch sind die sehr gut versicherten Kletterstellen nie wirklich schwierig oder beängstigend ausgesetzt. Hat man die etwas einförmigen Hänge über dem Halsl erst einmal überwunden, dann erwartet einen eine Route voll Spannung und Abwechslungen und mit einigen echten Überraschungen.

Ausgangspunkt: Axamer Lizum (1564 m), Skizentrum oberhalb von Axams bei Innsbruck. Breite Bergstraße bis zum großen Parkplatz.
Der nahe Gipfel – Hochtennspitze (2549 m, 1¼ Std.). Mit dem Schrägaufzug auf den Hoadl (2340 m) und in den nahen Hoadlsattel hinab. Nun auf und neben dem Grat rasch aufwärts zum schönen, grünen Hochtennboden und weiter auf steinigem Pfad zum Gipfel.
Hüttenausflug – Adolf-Pichler-Hütte (1977 m, 1¼ Std., Rückweg 2 Std.). Vom Hoadlsattel quer durch die steilen Hänge unter den Türmen nach Süden, dann hinab zur Hütte.
Versicherter Steig – Marchreisenspitze (2620 m, 3 Std.). Mit der Bahn zur Bergstation Birgitzköpfl (2036 m) und quer durch die Hänge ins Halsl (1992 m). Etwa 1 Std. in Kehren über Gras- und Geröllflächen hinauf zu den Felsen. Vorbei an dolomitenartigen Türmen über Geröll, Schrofen und gut gesicherte Felsstufen auf den Ampferstein (2556 m). Kurz hinab, dann weiter

Die Kalkkögel bilden besonders bizarr zerklüftete Felszacken, hier die Schlicker Zinnen und Türme.

sehr spannender Aufstieg durch zwei auffallende Felsspalten und eine oft schneegefüllte Schlucht, schließlich steil auf den Gipfel der Marchreisenspitze (2620 m). Abstieg: Zuerst nach Süden hinab, dann nach Westen in die Malgrubenscharte hinüber. Über die große Schutthalde ins Lizumerkar und über begrünte Hänge zurück in die Axamer Lizum (2 Std. Abstieg).
Einkehrmöglichkeiten: Adolf-Pichler-Hütte und Berggasthäuser in der Axamer Lizum, auf dem Hoadl und am Birgitzköpfl.

Schönstes Tal der Zillertaler Alpen
Wildgerlos

Auch für kleine Kinder

Fahrt längs des Stausees · Wald mit bemoosten Felsblöcken und wasserreichem Wildbach

Etwas Ausdauer nötig

Hüttenaufstieg vor einer imposanten Gletscherlandschaft · großer, hochalpiner See

Das Wildgerlostal gehört zu den schönsten Zentralalpentälern Tirols, und seine Mannigfaltigkeit wird auch die Kinder begeistern. Ein Sträßchen führt längs des Stausees talein bis zur Finkau. Die Kleinen bleiben wohl im ersten, wildromantischen Teil des Tales mit seinem Märchenwald voller moosübersponnener Felsblöcke und dem mächtigen, gischtenden Bach mit seinen Stufen, kleinen Klammen und Katarakten. Der Weg bis zur Zittauer Hütte, die an dem unerwartet großen Gerlossee in 2329 m Höhe liegt, ist relativ weit doch reich an wahrlich imposanten Bildern, wie den hohen Felswänden, über die Wasserfälle herabstauben, dem ganz nahen, so zerschründeten Gletscher mit seinen Spalten und Eisbrüchen, und die an die Montblancberge erinnernden Zackengrate, die in der Wildgerlos- und der Reichenspitze (3303 m) gipfeln.

Ausgangspunkt: Von Gerlos (Zillertal) oder Krimml im Pinzgau zum Gerlospaß. Bei der Mautstelle Abzweigung eines Sträßchens nach Süden ins Wildgerlostal zum Gh Finkau (1424 m).

Nahziel – Trisselalm (1584 m, ½ Std.). ○ Entweder links des Baches auf dem großen Weg oder – ungleich interessanter – pfadlos im „Märchenwald" nahe am Bach entlang zur Alm.

Der Hüttenanstieg – Zittauer Hütte ● (2329 m, 2 ¾ Std.). Auf dem breiten ◖ Weg immer links des Baches talein. Dann rechts der Felsabbrüche rasch empor und nach links zur Hütte.

Einkehrmöglichkeiten: Gh Finkau und Zittauer Hütte.

Über dem Weißsee

Für alle interessant

**Urgesteinslandschaft mit allen
entsprechenden Formen
vom Bergsee bis zum
Gletscherschliff · hochalpine
Stauseen · Ödland an
einer Gletscherzunge**

Unternehmungslustige und Verspielte können sich tagelang im Bereich der schon an ein Hotel erinnernden Rudolfshütte des Alpenvereins amüsieren, ohne die ganz großen Gletschergipfel

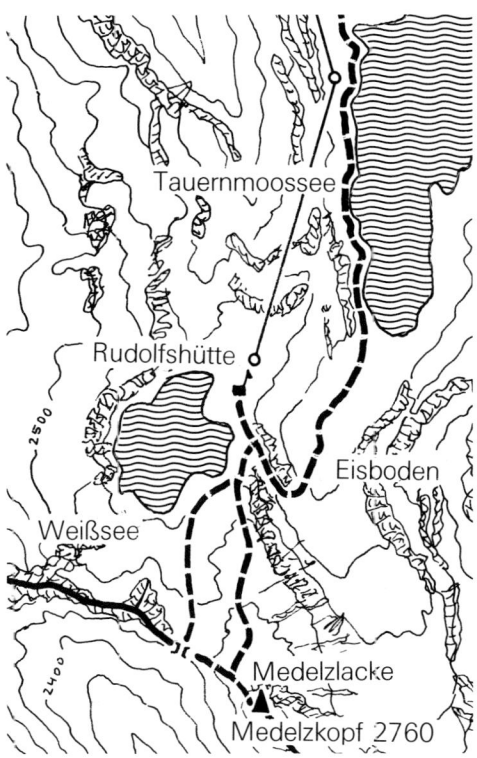

Ein paar Felsen, ein Drahtseil – schlagartig ist eine Route auch für den Nachwuchs interessant und spannend.

wie den Sonnblick oder den Johannisberg (3460 m) zu besteigen, für die sie eine komplette Eisausrüstung bräuchten. Das stark gegliederte Gelände am Medelz mit seinen Gletscherschliffelsen, den Miniwandstufen, den Grasmulden, den versteckten Seelein ist ein reiches Betätigungsfeld, man kann aber auch das düster-eindrucksvolle Gletschervorfeld mit dem bezeichnenden Namen Ödenwinkel erforschen, die beiden großen Stauseen besuchen und zwei mittelgroße Gipfel besteigen. Und bei all dem hat man stets die gewaltige Gletscher- und Eislandschaft unmittelbar vor sich.

Ausgangspunkt: Rudolfshütte (2311 m, DAV), Zufahrt mit Pkw von Uttendorf im Pinzgau (Land Salzburg) bis zum Enzinger Boden, dann Fahrt mit der Seilbahn zur Hütte, die knapp über dem Weißsee liegt, herrlicher Rundblick.
Nahziel – Medelzlacke (2578 m, 1 Std.). Von der Hütte nach Süden zum Ostufer des Weißsees. Nun entweder etwas nach rechts und auf dem Weg hinauf zum Kalser Tauern mit überraschendem Blick nach Süden und links über den weiten Kamm zu dem Bergsee. Oder – viel interessanter – ohne Weg gerade aufwärts über die malerische Kuppenlandschaft des Medelz direkt zur Medelzlacke.
Der Brotzeit-Gipfel – Medelzkopf (2760 m, + 40 Min.). Dieser runde Kopf liegt so nahe an der Medelzlacke, daß der Gipfelhungrige ihn schon fast wäh-

rend der Brotzeit der anderen erstürmen kann. Die Route: Von der Lacke auf einem Steiglein über recht steiles Geröll zum Gipfel mit seinem recht eindrucksvollen Rundblick.

Rundtour – Eisboden-Tauernmoossee (2½ Std.). Vom Ostufer des Weißsees auf dem Weg 715 nach Südosten und kurz hinab zur Zunge des Ödenwinkelkeeses. Im sogenannten Eisboden nach Norden immer links des Baches (der vor dem See eine auffallende kleine Klamm bildet) talaus zum fast 3 km langen Tauernmoossee. Auf nun bequemem Weg nach Norden zur Mittelstation der Bahn.

Einkehrmöglichkeit: Nur Rudolfshütte.

Standseilbahn, Bergseen, Gipfel
In der Reißeckgruppe

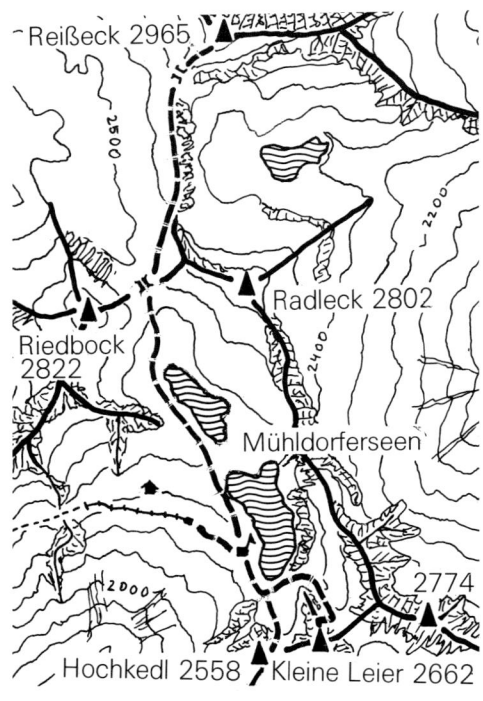

Auch für kleine Kinder
Lange, steile Bahnfahrt bis in 2300 m Höhe · Bergseen in einer Gras- und Blocklandschaft · Kletterfelsen

Für alle interessant
Gipfeltouren für jeden Geschmack und jedes Können

Wieder einmal befördert uns eine technische Einrichtung nicht nur in die Höhe, sie bildet auch einen guten Teil des Berg-Abenteuers Reißeck. Schon 1500 Höhenmeter in der Standseilbahn sind für Kinder ein Erlebnis. Schade, daß das einstige Schienenbähnchen mit seinen offenen Wagen, das hier oben quer durch die Felshänge ratterte, nicht mehr verkehrt.

Die Mühldorferseen in 2320 m Höhe entstanden für das Reißeck-Kraftwerk. 1772 m Fallhöhe von den Seen bis ins Tal hat hier das Wasser, und das ist Rekord für die ganze Welt.

Für jede Kindergröße gibt es von unserem so hohen Ausgangspunkt mindestens einen stattlichen Gipfel zu besteigen. Am schnellsten und ohne Probleme kommt man dem Hochkedl (2558 m) bei. Den Individualisten macht die Kleine Leier (2662 m) den meisten Spaß; man wandert erst durch ein Hochkar mit Felsen und Blöcken und turnt dann ohne richtigen Weg, dafür mit ein paar netten, kurzen Kletterstellen gewürzt zum Gipfel hinauf. Das Reißeck (2965 m) schließlich ist der Hauptgipfel weit und breit, ein großer Tauernberg mit grandioser Aussicht.

Ausgangspunkt: Kolbnitz (614 m) im Mölltal, nördliches Kärnten. Bergbahn-Talstation im Norden über dem Ort. Mit zwei Standseilbahnen zum Schoberboden und mit einem Bähnchen zum Berghotel und der Reißeckhütte des Alpenvereins knapp unter den Mühldorferseen.

Der nahe Gipfel – Hochkedl (2558 m, ● 1. Std.). Zum rechten Ende der Staumauer und weiter nach Süden. Schließlich über den Nordosthang auf den Gipfel. Steig, doch einige steile Kletterei.

Individualistenziel – Kleine Leier ◤ (2662 m, 1½ Std.). Auf dem Steig südlich um den See und in einem Boden zur Roßalmscharte. Ab hier nur noch Steigspuren. Etwas rechts durch eine blockige Rinne und über eine Rippe in eine Gratlücke. Links erst neben, dann auf der Schneide über Fels zum Gipfel. Eine fesselnde Aufgabe für Unternehmungslustige.

Der große Berg – Reißeck (2965 m, ● 2 Std.). Zum linken Ende der Staumauer und nach Norden ins Rieckentörl. Bei der Verzweigung rechts. Erst Querung

der Hänge, dann Aufstieg in die Kalte-Herberg-Scharte. Über den Rücken auf den Gipfel. Ordentlicher Steig, evtl. Schneeflecken.

Einkehrmöglichkeiten: Berghotel und Reißeckhütte.

Der Rosengarten in den Dolomiten
Vajolet und Gartl

Auch für kleine Kinder
Hüttenweg inmitten eines weltberühmten Kletterreviers
Interessant für alle
Aufstieg zu den schlanken Felstürmen im Reich des Sagenkönigs Laurin

Viele Menschen lieben einen richtigen Jahrmarkt. Warum dann nicht einmal einen echten Rummel im Gebirge!? Zur entsprechenden Zeit im Hochsommer sind ganze Scharen im Tal von Vajolet unterwegs, ein wahrlich buntes Gemisch aus Sommerfrischlern und Extremkletterern, Ausflüglern und lärmenden italienischen Familien. Die so nahen himmelstürmenden Felsen hallen wider von Rufen und Schreien. Rasch erreicht man von Gardeccia die Vajolethütte, das Zentrum des Trubels, aber auch der schrofige Weiterweg gleicht manchmal einer Ameisenstraße. Aus dem kleinen Karboden mit dem erstaunlichen Namen Gartl, also kleiner Garten, ragen unvermittelt die Vajolettürme (2805 m) auf, diese weltberühmten Kletterzinnen, die vom Laurinspaß gesehen schon atemberaubend steil

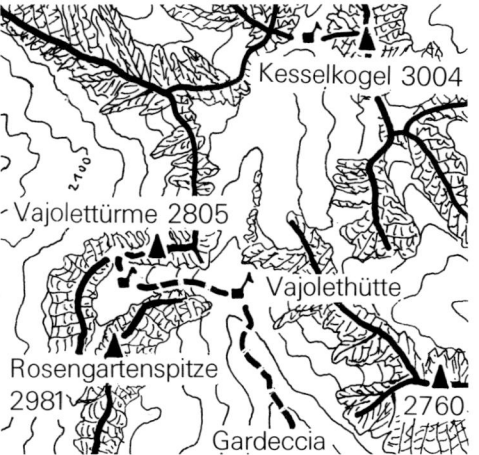

Den Könnern beim Klettern zuschauen macht ebenso viel Spaß wie selbst zwischen den Blöcken herumzuturnen (Kassnapoffturm).

und schlank emporschießen. Man ist den Türmen so nahe, daß man überall die Kletterer in den Felsen sieht. Diese wild-urtümliche Dolomitenfelswelt war einst ein blühender und duftender Rosengarten, so erzählt die Sage vom Zwergenkönig Laurin. Damit sind auch die ungewöhnlichen Namen erklärt.

Ausgangspunkt: Im Fassatal zweigt zwischen Pozza di Fassa und Manzin die Bergstraße in die Gardeccia (1948 m) ab, die im Südostteil der Rosengartengruppe der Dolomiten liegt.

Nahziel – Vajolethütte (2243 m, 50 Min.). Links des Bacheinschnitts auf breitem Weg zur Hütte des CAI. Im Bachbett nordöstlich der Hütte schöne Übungsfelsen.

Der imposante Felskessel – Gartl und Laurinspaß (2616 m, gut 1 Std. ab Vajolethütte). Von den Hütten ganz kurz nach Norden, dann links über Schutt und Felsen mit ein wenig Kraxelei doch ohne Schwierigkeiten ins Hochkar Gartl mit der gleichnamigen Hütte am Fuß der Vajolettürme; links neben den Türmen ist der Laurinspaß eingeschnitten.

Ein Tip – Kesselkogel (3004 m, 2½ Std. ab Vajolet). Der Hauptgipfel der Rosengartengruppe bietet einen reizvollen, teilweise gesicherten Felsanstieg mit einer recht ausgesetzten Stelle, sehr lohnend für alle Trittsicheren und Schwindelfreien.

Einkehrmöglichkeiten: Vajolet-, Preuß- und Gartlhütte.

116

Dolomitengipfel vor großer Kulisse
Über dem Falzaregopaß

Der Falzaregopaß (2105 m) ist die wichtigste Verbindung zwischen den östlichen und westlichen Dolomiten. Man erreicht ihn ebenso rasch von Cortina, wie aus dem Buchenstein oder aus dem Abteital über den benachbarten Valparolapaß mit seiner guten, neuen Straße. Das Halbdutzend ganz naher, dafür aber recht abwechslungsreicher Ziele macht das Gebiet zu einem Dorado für Familientouren. Man ist selbst in einer kleinräumigen Dolomitenlandschaft unterwegs, hat jedoch ständig die großen Felsberge als Hintergrundstaffage; vor allem imponiert die Tofana di Rozes (3225 m) mit ihrer rostroten Südwand. Aus Platzmangel erscheinen hier nur ein paar Stichpunkte zu den Möglichkeiten.

Idealgebiet Nuvolau: Cinque Torri heißt eine Handvoll Felstürme, die wie Bauklötze eines Riesen wirken, ein tolles Revier zum Forschen und Herumstromern. In nur einer Gehstunde gelangt man von dort zu dem Superaussichtsberg Nuvolau mit seiner Gipfelhütte. Und den Averau (2648 m), ein viereckiges Felskastell und der Herrscher in dieser kleinen Berggruppe, bietet eine ganz kurze, gut gesicherte Kletterei.

Ein echter Kinder-Dolomitenberg: Der kurze Zugang vom Valparolapaß, vor allem aber die so eigenartig zerklüfteten Felsflächen mit ihren Gräben und kleinen Stufen, die zu ein wenig harmloser Kletterei zwingen, stempeln den Sasso di Stria, was sich mit Hexenstein übersetzen läßt, zu einem für den Nachwuchs mustergültigen Berg. Punta Gallina (2518 m), der Kleine Lagazuoi mit seiner Seilbahn, Cima Falzarego und Cima Bois (2559 m) wären weitere Ziele.

Ausgangspunkt: Passo di Falzarego (2105 m), Zufahrten siehe oben.
Der Felsengarten – Gebiet der Cinque Torri (¼ Std.). Östlich etwa 4 km unter-

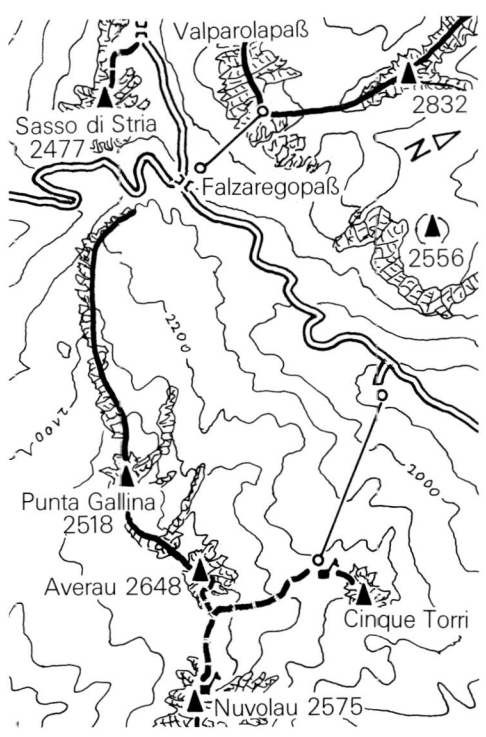

Dolomiten-Landschaft in Kleinausgabe: Die Cinque Torri südlich oberhalb der Falzarego-Paßstraße.

halb des Passes liegt die Talstation eines Sesselliftes. Mit ihm zum Rifugio Scoiattoli (2250 m) und von dort nach Norden an dem Fuß der Cinque Torri.

Aussichtsbalkon – Nuvolau (2575 m, 1 Std. ab Lift). Von der Bergstation nach Süden zum Nuvolausattel und links auf dem bequemen Weg zum Gipfel mit Hütte.

Felsberg mit Drahtseilen – Averau (2648 m, 45 Min. ab Nuvolausattel).

Vom Sattel am Grat nach Westen zu den Felsen und nach rechts in eine Schlucht. Über eine versicherte Passage auf eine Schulter und zum nahen Gipfel (Trittsicherheit notwendig).

Der Kinder-Dolomitenberg – Sasso di Stria (2477 m, 1¼ Std.). Vom Falzaregopaß mit dem Auto hinüber zum Valparolapaß (2192 m). Von dort nach Südosten erst über Gras, später auf Fels mit Hilfe eines Steigleins zum Gipfel mit großem Kreuz.

Einkehrmöglichkeiten: Scoiattoli- und Nuvolauhütte, Gasthaus auf dem Falzaregopaß.

Ein weiterer idealer Kinderberg in den Dolo-miten ist die Cirspitze (2592 m, 1 ½ Std. ab Grödnerjoch). Im Hintergrund die Sella mit der Cima Pisciadu (2985 m).

Östlicher Karnischer Hauptkamm

Weit abseits der Modewege

Interessant für alle

Weg ohne Probleme auf einen festungsartigen Felsberg · üppige Matten und reiche Flora

Macht den Geschickten Spaß

Spannende Wegführung durch eine 250 m hohe Felsflanke · steiler Klettersteig

Ein hoher Waldgürtel trennt das Gailtal im südlichen Kärnten von den Gipfeln des östlichen Karnischen Hauptkam-mes, die trotz ihrer eher geringen Höhe als schöne Felsberge in den Himmel ra-gen. Zum Glück gibt es weit emporfüh-rende Straßen; die Aufstiegsmühen schrumpfen damit zu Familientouren zusammen. Trogkofel heißt der auffal-lendste Berg, eine richtige Felsenburg mit sehr steilen Mauern und einer klei-nen Karsthochfläche als Gipfel. Er bie-tet alles, ein Hochkar mit Matten, Karst und kleinen Kletterfelsen, einen reizvol-len Steig mit einigen versicherten Stel-len ohne ernste Schwierigkeiten, der durch die hohe, stark gegliederte Nord-ostflanke führt, und eine richtige via ferrata in der kurzen, aber steilen Süd-wand, die schon einige Fertigkeit in dem ausgesetzten und abwärts geschichte-ten Fels erfordert, der zudem nur mit ei-ner Kette versichert ist. Ein noch mächtigeres Massiv bildet der nächste Gipfel, der Roßkofel. Ihn kann man –

wider Erwarten – ohne alle Kletterei auf einem Wegerl besteigen. Kurze Stu-fen, kleine Mulden und eine matten-überzogene Hochfläche mit üppigem Blumenschmuck sind die besonderen Attribute. Zudem wartet der Gipfel mit einem wirklich grandiosen Blick auf die gewaltigen Julierberge auf. Noch ein Tip: Bergstraße und Lift machen den Gartnerkofel (2195 m, 45 Min.) drüben über dem Naßfeld zu einer mühelosen Spritztour.

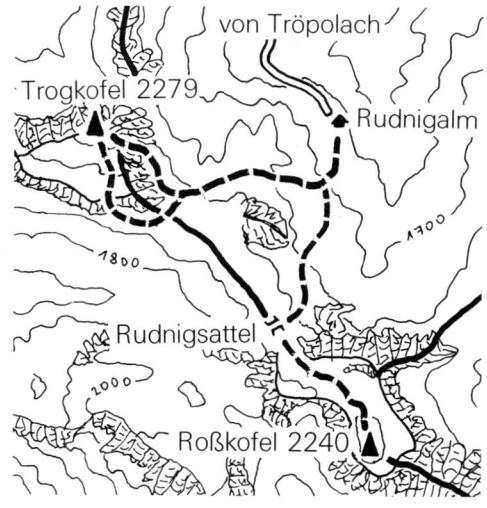

Ausgangspunkt: Von Tröpolach im un-teren Gailtal (Kärnten) nach Schlanit-zen, dann auf teilweise holprigem Sträßchen bis zur Rudnigalm (1621 m). **Problemloser Gipfel** – Roßkofel ● (2240 m, 2 Std.). In dem anfangs etwas häßlichen Pistengelände nach Süden zur Wegteilung. In gleicher Richtung weiter zum Rudnigsattel und auf einem ordentlichen Steig durch die Flanke auf die weiten Flächen des Roßkofels. **Versicherter Steig** – Trogkofel 🗓 (2279 m, 2 ¼ Std.). Bei der erwähnten

121

Wegteilung rechts und weiter über Böden ins malerische Ostkar und zu den Felsen hinüber. Ohne echte Probleme auf den Uiberlachersteig (Sicherungen, Trittsicherheit notwendig) durch die hohe Flanke auf die erstaunlich weite Gipfelfläche.

Klettersteig – via attrezzata crete rosse (2279 m, 2½ Std.). Aus dem Ostkar nach Süden zum Kamm (Grenze nach Italien) und jenseits auf dem Steig nach rechts unter die Wände. Über Geröll zu den nahen Felsen und steil und anspruchsvoll zu Hochfläche hinauf und weiter auf den Gipfel des Trogkofels. Den Abstieg nimmt man über den Uiberlachersteig.

Einkehrmöglichkeit: Rudnigalm.

Zauberland für Kinder
In der Fränkischen Schweiz

Interessant für alle

Berglandschaft im Kleinen mit Felsen, Blockwäldern, Höhlen, Bächen, Ausflugszielen ohne langen Anmarsch

Zum Schluß machen wir noch einen Sprung nach Norden, von den Alpen in die Fränkische Schweiz. Sie ist ein wahres Wunderland für Kinder. Die geheimnisvollen Gufeln, Höhlen und Löcher, die malerischen, bizarren Felsgruppen, die von Moos überwucherten, im Wald versteckten Blocklabyrinthe, die gemütlichen Wiesenflüßchen und

-bäche, die Aussichtskanzeln und die aus Balken gezimmerten Aussichtstürme wie bei Betzenstein, die vielen Schlösser, Burgen und Ruinen laden zum Spielen, Forschen, Verstecken . . . ein. Bei keinem dieser herrlichen Kinderplätze muß man lange Anmarschwege in Kauf nehmen; idealer kann man es für den Nachwuchs gar nicht antreffen, besonders die Kleinen fühlen sich hier „pudelwohl". Eine Fahrt nach Pottenstein oder Gößweinstein, nach Streitberg, Egglofstein oder Betzenstein sollten durchaus auch die Nicht-Franken einmal auf ihr Programm setzen.

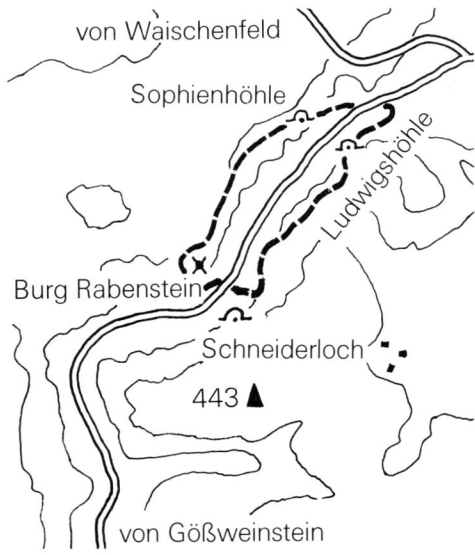

Hier eine Anregung: das Gebiet um die Neumühle im Rabensteinertal. Welch geheimnisvolle Welt bietet etwa das Riesenmaul der Ludwigshöhle, wie eindrucksvoll ist eine Führung durch die Sophienhöhle. Eine ganz anders geartete Aufgabe wäre es, den so auffallend

spitzen Felsen östlich über der Neu-mühle zu besteigen, was weiter nicht schwierig ist, wenn man den richtigen Durchschlupf findet. Und gleich ein Stückchen weiter locken die Felsen um das Schneiderloch, jene geheimnisvolle Öffnung in der kleinen Felswand, die von unten völlig unzugängig aussieht, und durch die man doch hindurch-schlüpfen kann. Es öffnen sich dahinter wieder neue Durchgänge, Löcher, Bänder, die erforscht werden wollen. Zur Abwechslung kann man dann ein wenig im Wasser des Ailsbaches herumstiefeln, gegenüber zur Burg Rabenstein hinaufsteigen, oder dem Radfahrfelsen bei Oberailsfeld einen Besuch abstatten.

Ausgangspunkt: Parkplatz bei der Sophienhöhle; Abzweigung ins Ailsbach-tal bei Behringersmühle im Tal der Wiesent.

Rundwanderung – Ludwigshöhle und Burg Rabenstein (1 ½ Std.). Vom Park-platz über die Ails und zur Ludwigshöhle. Dann links der Höhle empor und auf dem Weg mit einem roten Dreieck nach rechts auf einer Stufe über dem Tal bis über die Neumühle. Hier besteht die Möglichkeit, den auffallend schlanken Felsturm zu Häupten von hinten zu ersteigen (interessante Wegsuche im „Urwald", gewaltige Nischen und gebauchte Felsen, kein Klettern nötig, doch Vorsicht bei den ausgesetzten Stellen). Abstieg zur Neumühle (Abstecher zum Schneiderloch). Links um den Felsen, dann auf einem Pfad hinauf zur Burg Rabenstein, die auf einem wilden Felsvorsprung liegt. Weiter zur Klaus-stein-Kapelle mit reizvoller Barockaus-

stattung, dann zur Sophienhöhle, wo man an einer Führung teilnehmen wird. Abstieg zum Parkplatz.

Es gehört schon eine gute Portion Sicherheit dazu, in sechs Meter Höhe auf einem Buchenstamm den Bach zu überqueren. Unternehmungslustige Kinder finden überall „Trainings"möglichkeiten.

Fundgrube
für viele spannende
Touren und Ausflüge

Kleine, spannende Berge

Auch in den Voralpen gibt es fast überall zwischen den üblichen, sanften (und damit auch ein wenig langweiligen) Bergen interessantere Gipfelgestalten, deren Felsen die Aufstiege spannend gestalten, ohne daß die Wege gleich gefährlich werden. Für alle geschickten, unternehmungslustigen Kinder sind das die idealen Ziele.

① **Bocksberg,** 1461 m

Durch Schrattenkalkfelsen verzierter Gipfel des Bregenzerwaldgebirges, nur 5 km Luftlinie von der Rheinebene bei Dornbirn entfernt. Spannende Zufahrt durch das Tal der Dornbirner Ache mit seinen drei Schluchten zum Bergdorf Ebnit (1075 m). Hinüber nach Hackwald, dann steil auf den Gipfel (1 ¼ Std.). Auch ein Abstieg nach Nordwesten mit anschließender Umrundung des Nordostgrates zurück nach Hackwald ist lohnend.

② **Rindalphorn,** 1821 m

(siehe Seite 57.)

③ **Besler,** 1680 m

Richtige Fels-Trutzburg, ein auffallender Kontrast zu den sanften Flyschbergen im Norden. Etwa 50 m hohe Gipfelwand mit einem schrägen, gut gesicherten Riß. Von Obermaiselstein (auf der Illertal-Westterrasse, Oberallgäu, gelegen) auf der Straße Richtung Balderschwang entweder bis zur Herzenbergl-

Trutzburg Besler, ein kleiner, aber recht auffallender Berg im Oberallgäu. Durch eine drahtseilversicherte Rinne läßt sich der Felsgürtel gut erklettern.

hütte und von Nordosten zum Gipfel oder – sehr viel steiler aber auch viel interessanter – von der Schönbergalpe von Nordwesten (1 bis 1 ½ Std.).

④ **Löffelspitze,** 1962 m

(siehe Seite 47.)

⑤ **Läuferspitze,** 1956 m

(siehe „Tannheimer Berge", Seite 50.)

⑥ **Sonnenberg,** 1621 m

(siehe „Über den Sonnenberggrat", Seite 58.)

⑦ **Achselköpfe,** 1707 m

(siehe Seite 70.)

⑧ **Rofanspitze,** 2259 m

(siehe Seite 67.)

⑨ **Leonhardstein,** 1449 m

Der schon fast klassische Berg für Familien mit Kindern, ein auffallend aus dem Wald emporragender Dreikant mit wilder Südwand. Start in Kreuth (772 m) oder Enterfels südlich des Tegernsees (Oberbayern). Durch Wald in einen weiten Sattel, dann über eine steile, manchmal felsdurchsetzte und teilweise ebenfalls bewaldete Flanke auf den Gipfel (2 Std.). Am Fuß der Südwand richtiger Märchenwald mit bemoosten Felsblöcken. Vom Sattel westlich um den Wandfuß auf Pfadspuren dorthin.

⑩ **Aiplspitze,** 1758 m

(siehe „Im Rotwandgebiet", Seite 74.)

⑪ **Brünnstein,** 1619 m

Schöner, kantiger Felsberg hoch über dem Inntal. Besonders reizvoller und abwechslungsreicher Steig mit Versicherungen in der Südostflanke (Julius-Mayr-Weg). Doch relativ langer Zugang durch Wälder bis zum Brünnsteinhaus. Talort ist Oberaudorf im bayerischen Inntal, von dort mit dem Auto bis Buchau (700 m). Aufstieg zur Hütte 1 ¾ Std., weiter zum Gipfel ¾ Stunde.

⑫ **Kampenwand,** 1668 m

(siehe Seite 78.)

⑬ **Storschitsch,** 1759 m

Karawankengipfel nahe der jugoslawischen Grenze im südöstlichen Kärnten. Zufahrt von Eisenkappel zum Seebergsattel (1218 m). Sehr schneller Aufstieg, teilweise durch Wald, im oberen Abschnitt Felsen mit einigen Sicherungen zu einem ganz freistehenden Gipfel mit schönem Blick auf die wenig bekannten Steiner Alpen (1 ½ Std.).

„Schnelle" Hochgipfel

Bergstraßen, Bahnen, Lifte rücken manchen der hohen Gipfel in den Bereich von Spritztouren. Damit werden sie auch für die Kinder attraktiv, zumal die Wege oberhalb der Baumgrenze fast immer mehr Spaß machen. Und es gibt dort neben den bevölkerten Mode-Aussichtspunkten auch viele stille Ziele.

⑭ **Alpspitze,** 2620 m

(siehe „Eindrucksvolles Wetterstein", Seite 64.)

⑮ **Hoher Dachstein,** 2995 m

(siehe Seite 89.)

⑯ **Warscheneck,** 2388 m

(siehe Seite 91.)

⑰ **Reißeck,** 2965 m

(siehe Seite 114.)

⑱ **Munt Pers,** 3207 m

(siehe „Morteratsch", Seite 103.)

⑲ **Monte Gaviola,** 3025 m

Unscheinbarer Dreitausender inmitten einer gewaltigen Berglandschaft mit hohen Gipfeln wie dem Pizzo Tresero (3602 m). Hochalpine Landschaft mit Matten und Seen um den Gaviapaß zwischen Santa Caterina und Ponte di Legno (westliches Ortlergebiet), mit 2621 m einer der höchsten Alpenpässe. Von dort entweder etwas nach Osten ausholend auf kleinem Weg oder direkt über Schutt und einige Felsen zum Gipfel (1 Std.).

⑳ **Jaufenspitze,** 2481 m

Schöner, teilweise felsiger Gipfel der Sarntaler Alpen mit kleinem Steig und großem Kreuz. Trotz der relativ geringen Höhe schöner, freier Blick. Spritztour vom Jaufenpaß (2099 m, 1 ½ Std.). Zufahrt auf den Straßen mit vielen Kehren entweder von Sterzing an der Brenner-Autobahn oder von Meran durch das Passeiertal.

㉑ **Rotbachlspitze,** 2897 m

Ein fast unbekanntes Ziel in den Zillertaler Alpen. Relativ gemütliche Bummeltour über Matten, Geröll und Blockwerk. Ganz nahe die 800 m hohe Nordwand der Hochfernerspitze (3470 m) mit ihren Hängegletschern. Zufahrt durch das Pfitschertal (Abzweigung bei Sterzing, Brenner-Autobahn) auf etwas abenteuerlicher Straße zum gleichnamigen Joch (2246 m) und dann

Karleskogel (3107 m), ein „schneller" Dreitausender in den Ötztaler Alpen. Von Sölden mit dem Pkw im Rettenbachtal bis in 2800 m Höhe, Aufstieg 1 Std.

auf und neben dem Grenzgrat nach Osten pfadlos zum Gipfel (2 Std.).

㉒ **Sasso di Stria,** 2477 m

(siehe „Über dem Falzaregopaß", Seite 118.)

Karst

Karst ist ein Verwitterungsprodukt verschiedener Kalkgesteine. Auf chemischen Weg wird der Fels zu den eigenartigsten Formen zerfressen, besonders typisch sind abwärts führende Rillen. Das Wasser fließt unterirdisch durch gewaltige Höhlensysteme ab, es gibt deshalb keine Täler und Grate sondern nur gewellte Hochflächen, die von Dolinen, das sind trichterförmige Schachthöhlen, durchsetzt sind. Die eigenartigen Formen beschäftigen die Phantasie, der zerklüftete Fels macht das Gehen besonders spannend.

㉓ **Steinernes Meer von Formarin**

(siehe Seite 46.)

㉔ **Westrofan**

Die verkarsteten Böden von Hintergschöll sind das Ideal eines Tummelfeldes für Kinder: schön ausgebildeter Karst, Kletterfelsen jeder Größe und recht nahe Gipfel. Dominierend der Hochiß (2299 m, Hauptgipfel des Rofan, + 1 Std.). Talort Maurach am Achensee in Tirol. Mit der Seilbahn zur Bergstation und links am Gschöllkopf vorbei in 45 Min. ins Hintergschöll.

㉕ **Steinplatte,** 1869 m

(siehe Seite 77.)

㉖ **Heilbronner Kreuz**

Fahrt mit der Seilbahn auf den Krippen-stein (2105 m) mit großartigem Nahblick zum Dachstein mit seinen Gletschern. Wanderung nach Südosten am Marg-schierf vorbei in einer besonders impo-santen Karstwelt mit sehr zerklüftetem Gestein und gewaltigen Felsklufthöh-len, die wie Risse nach einem Erdbe-ben aussehen. Steig bis zum Heilbronner Kreuz (1 Std.), das an die Tragödie von 1954 erinnert. Talstation der Bahn in Obertraun, südliches Salz-kammergut.

㉗ *Großer Tragl,* 2184 m

Neben dem Steinernen Meer bildet das Tote Gebirge die größte und eindrucks-vollste Karsthochfläche, das ist eine richtige Mondlandschaft. Markierter Steig zum südlichsten der größeren Gipfel, sehr abwechslungsreiches Ge-lände, 2½ Std. ab Tauplitz. Zu dieser mit Seen geschmückten und mit Gast-häusern und Hütten „gesprenkelten" Hochalm entweder mit dem Lift von Tauplitz oder ab Mitterndorf auf einer Mautstraße (steirisches Salzkammer-gut).

㉘ *Frauenkar*

(siehe „Wurzeralm und Warscheneck", Seite 91.)

㉙ *Pala-Hochfläche*

Von San Martino di Castrozza Lift- und Seilbahnfahrt zur Hochfläche in den Pala-Dolomiten. Bergstation in 2600 m Höhe. Abstecher auf den Aussichtsberg

Der Paternkofel (2746 m) und „Frankfurter Würstl". Die Dolomiten bilden einen riesigen Felsgarten, der sich dank der Paßstraßen an vielen Stellen mühelos erreichen läßt. Auch der Paternkofel ist ein Kinderziel. Mit dem Pkw bis zur Auronzohütte (2320 m), Aufstieg über Paternsattel 1½ Std., teilweise Kletter-steig.

Rosetta (2743 m, 30 Min.) mit grandio-sem Blick auf die kühnen Felszinnen zwischen Pala di San Martino (2982 m) und Sass Maor. Ausflug über die Stein-wüste nach Südosten zu den beiden Pässen von Pradidali und Fradusta (2651 m, 1¼ Std.). Evtl. Besteigung der mächtigen, im Norden aber flachen Ci-ma di Fradusta (2939 m, ¾ Std. ab Paß, teilweise Schnee).

Felswildnis

Dieses Thema wäre unerschöpflich, die verschiedensten Erscheinungen bieten den Kindern reichste Betätigung. Dazu gehören von der Verwitterung zernagte Flußlandschaften, Felsstürze, Blockfel-der, Gletscherschliffe. . .

㉚ *Am Marchgatterl im Rofan*

(siehe Seite 67.)

㉛ *Jackelberg über dem Sudelfeld*

(siehe Seite 76.)

㉜ *Kampenwand-Kaisersäle*

(siehe Seite 78.)

㉝ *Watzmann-Ostwand*

(siehe Seite 83.)

㉞ *Felswildnis Kehlstein*

(siehe Seite 80.)

㉟ Johnsbachtal

Von der Gesäusestraße Admont-Hieflau (Steiermark) noch knapp 4 km nach Süden ins Johnsbachtal. Hier auf beiden Seiten des Baches eine ungemein zerklüftete Felslandschaft in dem sehr bröseligen Gestein; kleine Bacheinschnitte laden zu Abenteuer-Forschungs-Ausflügen ein.

㊱ *Unter der Ballunspitze*

Von Galtür, dem letzten Ort im Paznauntal (Tirol, Silvretta) mit dem Lift zu den Nordhängen der Ballunspitze. Noch etwa 30 Min. Aufstieg zu einem Blockfeld mit Felstrümmern von zyklopischer Größe, ein herrliches Gebiet zum Forschen und Klettern.

㊲ *Mooswald von Finkau*

(siehe „Wildgerlostal", Seite 110.)

㊳ *Türkische Zeltstadt*

Felssturzlandschaft mit teilweise riesigen Brocken am Fuß des Langkofelecks in der Nähe des Sellapasses (2214 m, Grödner Dolomiten). Von der Paßhöhe wenige Minuten nach Nordwesten zu dem ausgedehnten Blockfeld (leider teilweise etwas verschmutzt durch Zeltler und Ausflügler).

㊴ *Cinque Torri*

(siehe „Über dem Falzaregopaß", Seite 118.)

Höhlen

Schon die Erwachsenen werden von dieser unterirdischen Traum- und Märchenwelt fasziniert. Wie packend sind da erst die Erlebnisse für Kinder! Besuche der üblichen Schauhöhlen gehören – trotz aller Gruselgeschichten – zum vollkommen Ungefährlichen. Natürlich kann man auch in unerschlossene Höhlen eindringen, wenn diese mühelos begehbar sind, und man ausreichend mit Lampen versehen ist. Zahlreiche sehr schöne Höhlen gibt es in der Schwäbischen und der Fränkischen Alb.

㊵ *Sturmannshöhle*

Kleine Höhle mit einem schmalen Gang und einem steilen Abstieg zum Höhlenbach, der tosend in einem Loch verschwindet. In 20 Min. von Obermaiselstein, einem Dorf im Oberallgäu auf der westlichen Iller-Terrasse, zum Eingang.

㊶ *Schellenberger Eishöhle*

Sehenswertes Höhlensystem mit schönen Eisbildungen hoch oben in den Ostabstürzen des Untersbergs (Barbarossa-Sage). Herrlich freier Ausblick beim Höhlenzugang. Talstation der Untersberg-Seilbahn bei Gröding, 7 km südlich von Salzburg. Interessanter Steig durch die Felsabstürze zur Höhle (45 Min.). Mit diesem Besuch läßt sich gut eine Überschreitung des Untersberggipfels „Salzburger Hochthron" (1853 m) verbinden.

㊷ *Eisriesenwelt*

(siehe „Wasser im Tal der Salzach", Seite 86.)

㊸ Dachsteinhöhlen

Eine leuchtende und glitzernde Märchenwelt – auch dank der geschickten Beleuchtung – erwarten den Besucher in der Rieseneishöhle. Besonders gewaltige Hallen und Höhlendome hingegen bietet die gleich gegenüberliegende Mammuthöhle. Ausgangspunkt ist Obertraun am Hallstätter See im südlichen Salzkammergut. Von dort Seilbahnfahrt zu den beiden Höhlen (siehe auch Heilbronner Kreuz).

㊹ *Koppenbrüllerhöhle*

Im Bereich von Obertraun gibt es neben Eis- und Riesenhöhle noch einen dritten Typ: eine wasserführende Höhle. Der Besucher trifft in einem tieferen Stockwerk der Höhle auf einen Bach. Bei starkem Regen jedoch steigt das Wasser in der Höhle und strömt schließlich mit lautem Tosen aus dem Höhleneingang; das führte zu dem eigenartigen Namen. Zufahrt von Obertraun 2 km in Richtung Bad Aussee.

㊺ *Höhlen an der Sulzfluh*

(siehe „Im Tal von St. Antönien“, Seite 96.)

Wasserfälle

Wasserfälle werden für Kinder interessanter, je näher und unmittelbarer man an sie herankommt. So ist zum Beispiel eine Tour von Wallgau im Werdenfelser Land zum an sich malerischen Großen Wasserfall für Kinder wenig lohnend, da man lediglich von einer ziemlich entfernten Aussichtskanzel hinüberschauen kann, und auch noch Bäume den Ausblick behindern.

㊻ *Hölltobel*

Sehr steiler, ganz scharf eingeschnittener Bach mit mehreren Wasserfällen. Kleiner Steig im Wald, der immer wieder einen Blick in die Schlucht erlaubt.

Foto der folgenden Seiten: Ein Teil der Krimmler Wasserfälle im obersten Pinzgau. Gute Wege führen zu interessanten Stellen.

Oberhalb das Sommerdörfchen Gerstruben mit uralten Holzhäusern. Entweder vom Parkplatz am Freibergsee zu Fuß in 40 Min. zum Steigbeginn südlich von Dietersbach oder direkt von Oberstdorf (Oberallgäu) mit dem Stellwagen dorthin.

㊼ *Roßkar-Wasserfälle*

(siehe Seite 48.)

㊽ *Bärgacht-Wasserfall*

(siehe Seite 54.)

㊾ *Kuhflucht-Wasserfälle*

(siehe Seite 60.)

㊿ *Gollinger Wasserfall*

(siehe „Wasser im Tal der Salzach“, Seite 86.)

(51) *Wasserfallweg*

(siehe Seite 51.)

(52) *Krimmler Wasserfälle*

Die eindrucksvollsten Wasserfälle in den gesamten Ostalpen. Die von zwölf Gletschern gespeiste und deshalb besonders wasserreiche Krimmler Ache stürzt in drei Kaskaden, die von einer Flachstelle unterbrochen sind, volle 400 m (!) herab. Großer Parkplatz unterhalb der Fälle. Zufahrt durch den Pinzgau oder aus dem Zillertal über den Gerlospaß (Maut).

(53) *Fallbach*

Schöner Schleier-Wasserfall über eine 150 m hohe Wand, darunter noch viele

kleine Stufen, die an eine Theater-Dekoration denken lassen. Von Malta (Abzweigung von der Katschbergroute bei dem historischen Städtchen Gmünd im nördlichen Kärnten) noch 4 km nach Koschach. Über die Wiesen in 10 Min. zum Fuß des Wasserfalls.

(54) *Riesachfälle*

In zwei Stufen stürzt der Riesachbach in einer Felskluft 69 m in die Tiefe, wegen des Wasserreichtums ein eindrucksvolles Schauspiel. Von Schladming in der Steiermark auf ordentlicher Bergstraße über Rohrmoos und durch das Untertal zur Gfölleralm. In 30 Min. zu den Wasserfällen. Lohnend der Weiterweg zu dem von einer Moräne aufgestauten Riesachsee (1338 m, weitere 30 Min.).

Gletscherzungen

Das Gletschereis mit seinen Spalten, Bachrillen und den runden Löchern ist eine geheimnisvoll-aufregende Welt für Kinder. Das im Sommer sehr rauhe und poröse Eis läßt sich auf den flachen Stellen des Gletschers erstaunlich gut begehen. Man darf es jedoch nur betreten, wenn es vollkommen schneefrei ist, nur so erkennt man die Spalten mit voller Sicherheit.

(55) *Pers- und Morteratschgletscher*

(siehe Seite 105.)

(56) *Gepatschferner*

Sehr interessante, stark zerklüftete Zunge des größten Eisstromes in den Ötztaler Alpen. Zufahrt durch das Kaunertal (Maut) bis hinter das Gepatsch-

Bei diesem Foto des Tschiervagletschers in der Bernina versteht man das Wort Gletscher„zunge". Wegen der Spalten nur schneefreie Gletscher betreten!

haus. Nun entweder nur knapp oberhalb des Baches talein zum Zungenende (45 Min.) oder auf dem Weg zur Rauhekopfhütte hoch oben in den Hängen zur Zunge in 2550 m Höhe (2 Std.).

(57) *Sulzenauferner*

Das Ideal einer Glazial-Landschaft mit gewaltigem Eisbruch, Spalten, Eisabstürzen, Moränen, gletschergeschliffenen Felsen . . . Von Innsbruck durch das gesamte Stubaital zur Mutterbergalm und mit der Seilbahn zur Dresdner Hütte. Überquerung des Peiljochs (2672 m) auf einem Bergpfad (1 ½ Std.). Waagrecht über den untersten Boden des Sulzenauferners, bis man jenseits auf einen Steig trifft. Rückweg auf gleicher Route (kürzer) oder Abstieg über die Sulzenauhütte ins Tal. Trittsicherheit notwendig.

(58) *Suldenferner*

(siehe „Zaital und Tschenglser Hochwand", Seite 106.)

(59) *Ödenwinkelkees*

(siehe „Über Weißsee und Rudolfshütte", Seite 112.)

(60) *Pasterze*

Bekanntester Gletscher Österreichs am Fuße des Großglockners. Auf einem Steig oder mit der Bahn von der Franz-Josephs-Höhe am Ende der Glocknerstraße rasch hinab auf die sehr breite, teilweise schuttbedeckte Gletscherzunge. Sehr beliebtes Ausflugsziel.

Sehenswürdigkeiten

Vermeidet man alles Schulmeisterliche, dann hat der Nachwuchs durchaus auch Spaß an den unterschiedlichsten Sehenswürdigkeiten. Schlösser, Burgen, Ruinen, Besonderes in Kirchen, alte Orte mit Stadtmauern usw., die zahlreichen Wildparks, der Alpenzoo in Innsbruck, die Salzbergwerke in Berchtesgaden, Hallein und Hallstadt, das Wasserschloß im Traunsee . . . All das kann wirklich bleibende Eindrücke hinterlassen!

Erdpyramiden am Ritten oberhalb von Bo-
zen. Moränenschutt ist das Material für diese
bizarren Gebilde.

⑥⑴ Eisenberg und Hohenfreyberg

Zwei der zahlreichen Ruinen und Schlösser des Ostallgäus, die die beiden Gipfel des Schloßbergs (1055 m) krönen. Auf Hohenfreyberg mächtige Mauerreste in einer weiträumigen, fast labyrinthischen Anlage; Eisenberg wird zur Zeit wieder ausgebaut, um das Typische einer mittelalterlichen Burg zu zeigen. Von Pfronten nach Zell, von dort 30 Min. Aufstieg.

⑥⑵ Höhenbahn

(siehe „In der Reißeckgruppe", Seite 114.)

⑥⑶ Erdpyramiden am Ritten

Das Foto links zeigt das Charakteristische dieser Kegel und Säulen, die bis zu 20 m hoch sind und aus zusammengebackenem Moränenschutt bestehen. Das Regenwasser war der Baumeister und Künstler. Zufahrt von Bozen über Klobenstein und Lengmoos. Schöner Blick auf Schlern und Rosengarten.

Bergseen

Bergseen sind nicht nur der schönste Schmuck der hochalpinen Landschaft, sie bieten auch den Kindern meist ein reiches Betätigungsfeld. Dabei sind Grasufer am langweiligsten, während Blockwerk am Ufer und im Wasser besonders viele Möglichkeiten schafft.

⑥⑷ Roßkarsee

(siehe „Roßkartal", Seite 48.)

⑥⑸ Die Seen von Komperdell

(siehe Seite 95.)

⑥⑹ Leg Grevasalvas im Engadin

(siehe Seite 100.)

⑥⑺ Crap-Alv-Seen

Schöne, hochalpine Bergseen (2304 m) in einer stillen, freundlichen Landschaft. Oberhalb auffallende Gletscherschliffe, interessante Kraxelmöglichkeiten. Freier Blick nach Süden von der Fuorcla Crap Alv (2468 m, ½ Std. ab Seen). Abzweigung des Fußweges zu den Seen 2 km westlich der Albulapaßhöhe, Aufstieg 25 Min. Zum Paß aus dem Engadin oder aus dem Rheintal über Tiefencastel und Bergün.

⑥⑻ Goldseen

Zwei in einem sehr urtümlichen Blockkessel gelegene Bergseen (2587 m), der von schwarzen, gezackten Felsgraten umgeben ist. Seilbahntalstation südlich von Nauders (Tirol) an der Straße zum Reschenpaß. Von der Bergstation durch das malerische Riesenblockfeld „Gande" und durch eine Wiesenmulde zu den Seen (1 ¼ Std.). Weiterer Aufstieg auf den Mataunkopf (2892 m, 1 Std. ab Seen) lohnend; herrlicher Blick.

⑥⑼ Wietenkarseen

(siehe „Timmelsjoch", Seite 108.)

⑦⓪ Gerlossee

(siehe „Wildgerlostal", Seite 110.)

⑦⑴ Mühldorferseen

(siehe „Reißeckgruppe", Seite 114.)

⑦② *Gasselseen*

Malerische Bergseen zwischen Fels-blöcken und Alpenrosenfeldern in einem nach Norden offenen Minital mit hindernislosem Dachsteinblick. Loh-nend vor allem als Rundtour mit Bestei-gung von Gasselhöhe (2001 m) und Rippeteck (2126 m). Von Pichl (5 km westlich von Schladming, Steiermark) auf Mautstraße zur Reiteralm (1716 m). Rundtour etwa 2½ Std.

Schluchten, Klammen

Das Düster-Geheimnisvolle einer Schlucht, die Überraschungen, die Spannung auf dem Weg durch die „Un-terwelt" hinterlassen bei allen Kindern einen tiefen Eindruck. Und bei keiner anderen Art von Erlebnis-Ausflügen bie-ten sich so viele Möglichkeiten – Schluchten und Klammen gibt es fast überall. Hier ein paar besondere Leckerbissen:

⑦③ *Rappenlochschlucht*

Ungewöhnlich eindrucksvolle und mächtige Klamm mit sehr hohen senk-rechten Wänden. Von Dornbirn in Vor-arlberg längs der Dornbirner Ache nach Gütle. Nun zu Fuß durch die Schlucht zum Staufensee und weiter durch die Alplochschlucht zu deren Ende. Rück-fahrt mit dem Bus nach Gütle möglich. Ein echtes Erlebnis ist auch die Weiter-fahrt mit dem Auto durch die Schaufel-schlucht zum Bergdörfchen Ebnit (1075 m).

⑦④ *Breitachklamm*

Diese fast 2 km lange Klamm mit ihren

Zwischen Morteratsch und dem Oberen Ber-ninatal liegt einer der schönsten Arvenwälder der Alpen. Der Berninabach ist sehr male-risch in die rundgeschliffenen Felsen einge-schnitten. Große Eisberge wie der Piz Bernina füllen den Hintergrund.

steilen, muschelförmig ausgewasche-nen Wänden gehört zu den ganz be-rühmten und sehr viel besuchten Sehenswürdigkeiten. Abzweigung der Zufahrtsstraße 2 km nördlich von Oberstdorf, der Urlaubermetropole des Allgäus. Vom Parkplatz in wenigen Mi-nuten zum Klammeingang. Interessan-te Fortsetzung der Wanderung durch die Walserklamm möglich.

⑦⑤ *Höllentalklamm*

(siehe „Wetterstein", Seite 64).

⑦⑥ *Partnachklamm*

Die etwa 700 m lange Klamm imponiert durch die bis zu 60 m hohen, absolut senkrechten, ja, teilweise überhängen-den Wände, die sich so nahe gegen-überstehen, daß am Klammboden ein schon leicht dämmriges Licht herrscht. Von Garmisch-Partenkirchen zum Olympia-Skistadion, dann in 20 Min. zum Klammeingang. Rückweg über Vordergraseck besonders lohnend.

⑦⑦ *Salzachöfen*

(siehe „Wasser im Tal der Salzach", Seite 86.)

⑦⑧ *Dr.-Vogelsang-Klamm*

Sehr eindrucksvolle, stark bewachsene Felsschlucht mit tosendem, steil herab-strömendem Bach und kühner Weg-anlage mit vielen Stiegen. Ausgangs-punkt ist Spital am Pyhrn an der Pyhrn-

paßroute in Oberösterreich. Mit dem Pkw bis Grünau, von dort noch 1 km zum Klammeingang. In 45 Min. teilweise steil ansteigend durch die Schlucht. Rückweg am lohnendsten auf der gleichen Route.

⑦⑨ *Tormäuer- und Ötschergräben*

Teilweise grandiose Schluchten von 10 km Länge im Bereich von Erlauf und Ötscherbach am Fuß des gleichnamigen, berühmten Aussichtsberges. Mehrere Wasserfälle. Rascher Zugang von Wienerbruck, Gemeinde Annaberg, Niederösterreich. Gute Steige in den Tälern.

⑧⓪ *Liechtensteinklamm*

Eine der mächtigsten und eindrucksvollsten Schluchten der Alpen, 4 km Länge, die Wandhöhen betragen bis zu 300 m. Der Großarlbach ist besonders wasserreich und reißend. Zudem zwei schöne Wasserfälle. Von St. Johann im Pongau (Land Salzburg) erst auf der Großarlerstraße, dann rechts nach Plankenau und zum Klammeingang.

Quellen

Erstaunlicherweise sind die Quellen als Sehenswürdigkeiten und Ausflugsziele noch kaum entdeckt worden. Dabei bieten sie vor allem zu wasserreichen Zeiten oft ein eindrucksvolles Schauspiel. In fast allen Karstgebieten gibt es auch in Talnähe zahlreiche Quellen, und es ist eine spannende Aufgabe, sie mit Hilfe einer guten Karte zu suchen.

⑧① *Kuhflucht-Quelle*

(siehe Seite 60.)

„Wassertouren" in den Bergen bieten oft eine Fülle von Abwechslung, manchmal findet man an einem einzigen Bach alles Interessante: Quelle, Klamm und Wasserfall.

⑧② *Karstquellen bei Abtenau*

Beim Dachserfall mehrere Quellen in senkrechter Wand, von denen je nach Wassermenge null bis fünf tätig sind; beim Tricklfall zwei Quellen mit 40 m Abstand. Von Abtenau (715 m) am Nordostfuß des Tennengebirges (Land Salzburg) hinüber zum Gh Aumühle. Kurzer Aufstieg zum Dachserfall am Fuß der fast 1000 m hohen Abstürze des Breitensteins. Längs der Felsen hinüber zum Tricklfall. Gehzeit gut 1 Std.

⑧③ *Waldbach-Ursprung*

Diese Rundwanderung bietet viele Höhepunkte: Besuch des Hallstätter Salzbergwerkes, ein in den Fels gebauter, spannender Weg, „Gangsteig" genannt, Schlucht und Wasserfälle des Waldbaches, Schleier-Wasserfall des Spraterbaches und wasserreiche Quelle des Waldbaches. Ausgangsort ist Hallstadt im Salzkammergut; Zufahrt zum Salzberg mit Bergbahn.

⑧④ *Morteratschbach*

(siehe Seite 103.)

⑧⑤ *Auf Klein-Fanes*

Superausflug für Kinder: Von Pederü (Zufahrt von St. Vigil im Enneberg, nördliche Dolomiten) Jeepfahrt zur Fanes-Hütte (2060 m), dann quer über den Boden mit seinen Dolinen etc. zum Grünen See bei der Lavarella-Hütte und längs des malerischen, vielgewundenen Baches zu dessen Quellen. Ca. 45 Min.

Stichwortverzeichnis

Bildnachweis:

Seiten 21, 65, 79 Bahnmüller; 132/133 Breig; 104 Bucher; 93 Fischer; 8/9 Gensetter; 103 Höhne; 19 oben Köfferlein; 84, 85, 129 Löbl-Schreyer; 91 Loderbauer; 120 Meier; 19 unten Puntschuh; Umschlagrückseite (2), 66, 113, 116/117 Rauschel; 119 Ritzel; 72 Schneiders; 30 S. Seibert; Titelfoto und Umschlagrückseite (2), 22, 81 Steinbichler; 82 Werner; 68/69 Zengerle. Alle anderen Fotos stammen vom Autor.